U0729326

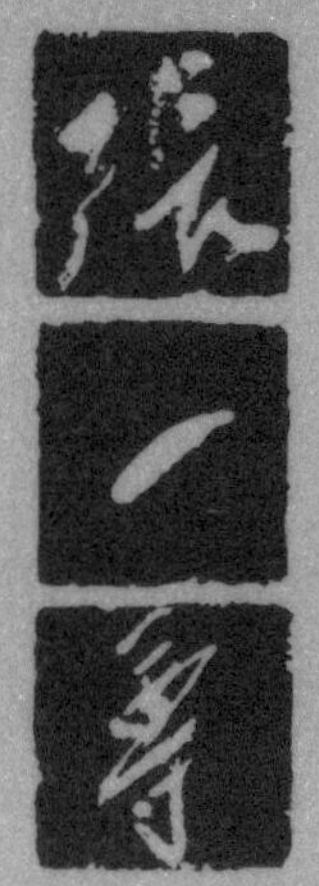

湖　南　著　名　美　术　家　推　介　工　程

HUNAN FAMOUS
ARTIST
PROMOTION PROJECT

主编　田绍登

CNS 湖南美术出版社
全国百佳图书出版单位
·长沙·

湖南著名美术家推介工程

HUNAN FAMOUS
ARTIST
PROMOTION PROJECT

主编　田绍登

湖南美术出版社

全国百佳图书出版单位

·长沙·

韶山学校

“湖南著名美术家推介工程”领导小组

顾　　问：杨浩东　秦国文
组　　长：卿立新
副 组 长：肖凌之　夏义生
委　　员：鄢福初　张　纯　倪文华　唐贵平　邓清柯　王跃文
祝平良　马　昊　刘　云　朱训德　旷小津　田绍登
石　纲　胡紫桂　周玲子　孙　婵　王　恩
办公室主任：田绍登（兼）

《湖南著名美术家推介工程·张一尊》编委会

主　　任：卿立新
副 主 任：肖凌之　夏义生
编　　委：鄢福初　张　纯　倪文华　唐贵平　邓清柯　王跃文
祝平良　马　昊　刘　云　朱训德　旷小津　田绍登
石　纲　胡紫桂　周玲子　孙　婵　王　恩
主　　编：田绍登
执行主编：陈元幸子　康杨翎子

艺术家简介

张一尊（1902—1973），字也军，别号太虚樵者，“一心草堂”主人，湖南吉首人。青年时参军入伍，曾参与北伐战争、抗日战争，官至沅陵防空少将副司令。20世纪三四十年代以画马闻名海内外，时有“北徐（徐悲鸿）南张”“画马四杰”之誉。中华人民共和国成立后，曾任湖南省美术家协会主席、湖南省人民代表大会代表、湖南省参事室参事。作品《关山驮马》《冒雨抢耕》分别入选第一、二届全国国画展览会，出版有《张一尊画辑》。

前　言

文/夏义生

自古以来，潇湘文脉传承有序，是滋养文人雅士的沃土。湖湘文化积淀千年，孕育过无数艺术大家，他们在各自的艺术道路上疾步向前，不断攀登艺术高峰。在20世纪湖南美术史的百年长河里，张一尊是十分重要的画家，是湖南省美术家协会的开创者之一，他在中国山水画、动物画的创作与探索上取得了突出成就。作为中华人民共和国成立后的湖南省美协首任主席，他为1949年后的湖南美术事业做出了重要贡献。2020年，由湖南省委宣传部指导，湖南省文联主办的“湖南著名美术家推介工程”系列学术研究与推广计划在湖南美术馆启动，至今已推出陈白一、王憨山、颜家龙、曾晓浒、钟增亚等艺术家，为构建湖南近现代美术史提供了丰厚的个案积累。

1902年，张一尊先生出生于湖南吉首，从小酷爱绘画，青年时入伍，曾参与北伐战争、抗日战争，战功赫赫，官至沅陵防空少将副司令。后弃武从文，以绘画行走天下，在艺术上以画马擅名海内外，时有“北徐（徐悲鸿）南张”“画马四杰”（徐悲鸿、张一尊、沈逸千、梁鼎铭）之誉，可谓影响颇深。中华人民共和国成立后，他曾任湖南省第一、二、三届人民代表大会代表，湖南省美术家协会主席，湖南省参事室参事等职。在中国当代山水画、动物画的发展进程中，张一尊先生以其独有的湖南特色和笔墨意韵，获得了官方认可和社会好评。他的作品《关山驮马》《冒雨抢耕》分别入选第一、二届全国国画展览会，其创作的《韶山学校》《江华放木》《韶峰耸翠》《洞庭秋色》《芙蓉国里尽朝晖》等生动记录了潇湘大地的地理地貌与风土人情，成为20世纪湖南美术史上的经典之作。

为深入学习贯彻习近平总书记关于文艺工作的重要论述，对标对表“在建设中华民族现代文明上探索新经验”的重要指示，认真落实省委省政府文化强省战略的决策部署，由湖南省文学艺术界联合会主办，湖南美术馆承办的“湖南著名美术家推介工程·张一尊艺术展”正式推出，以纪念这位为湖南美术事业做出突出贡献的艺术先贤。本次展览分为“才识功名在砚田”“沧海碧波万里春”“昂首长啸震宇空”“随意挥毫到白头”四部分，以翔实的文献资料和近80件精品画作集中呈现张一尊的艺术生涯，突出反映他在探索中国山水画、动物画发展之路的创新与执着，反映他为筹建湖南省美术家协会、推动湖南美术事业发展的辛勤付出。

回首过往，展望未来，我们将不忘初心与使命，通过扎实的学术研究与精致的展览呈现来梳理和挖掘湖湘艺术先辈的艺术人生与成就，展现他们的艺术品格与精神，为推动构建湖南近现代美术史、助力湖南文艺事业高质量发展做出切实努力。

目录 *

“湖南著名美术家推介工程·张一尊艺术展”现场

画马》
哉"，物外形者神也，形
神，益肖其相，是画道之
难于尺寸合度，动定自
，惟其如此，而欲得兼笔
画马者不多，而成功者尤
马而好作鬼魅，诚以实事
骏骄健，世人共见，虽妇
为吾湘后起之秀，画马独
之形态，其如尺寸有准，
画道，画其能事矣，兹值
以志心许云耳。
日上海《大公报》第2版）

『沧海碧波万里春』

他虽无师承，也没进过艺术学校，但他的继往功夫是潜心研究古法，融会唐宋元明清之精髓于一炉，又能体察自然，构思创造，所谓猎古人之神，驭今人之理，开拓万古，截断众流，所以今天得到的画是独具匠心，别树一帜。

——许廑父《张一尊与画》

水有龙兮山有仙

尺寸
118cm × 40cm

年代
1948年

材质
纸本

款识
水有龙兮山有仙，宦途归去爱林泉。
等闲学得丹青法，笔带风云墨带烟。
戊子仲秋，太虚樵者张一尊录旧作。

钤印
一心居士（朱文）
张一尊印（白文）

山水图

尺寸

95cm×43cm

年代

1949年

材质

纸本

款识

守元先生方家正之。

己丑新春，张一尊。

钤印

张一尊（白文）

一心居士（朱文）

里庵过眼（朱文）

匡正审定金石书画（朱文）

姜峰珍藏（朱文）

守元先生方家正之
乙丑新春 張一尊

关山驮马

尺寸
180cm × 60cm

年代
1953 年

材质
纸本

款识
关山驮马。癸巳立秋前日居京华。
张一尊写早年游目所见。

钤印
一心草堂（朱文）
张一尊印（白文）

《关山驮马》（局部）

大龙洞瀑布图

尺寸

134cm × 67cm

年代

未纪年

材质

纸本

款识

一尊夫君作品。吴佩君。

钤印

一尊（朱文）

张一尊印（白文）

相关作品

一蒲寸夫君作品
吴伶君

海螺山

尺寸
34cm×46cm

年代
1955年

材质
纸本

款识
海螺山，在沅水下游。五五年八月，一尊速写。

钤印
一尊（朱文）

鱼网溪

尺寸

35cm×45cm

年代

1955年

材质

纸本

款识

鱼网溪。一尊于舟行中，五五年八月十九日。

钤印

一尊（朱文）

盛教亭

尺寸
34cm×45cm
年代
1955年
材质
纸本
款识
盛教亭。
五五年，一尊速写。
钤印
一尊（朱文）

水岸写生

尺寸
34cm×46cm

年代
未纪年

材质
纸本

款识
一尊夫君遗稿，
癸酉三月，佩君记。

钤印
张一尊（白文）
吴佩君（朱文）
一心草堂（白文）

川石

尺寸
35cm×46cm

年代
未纪年

材质
纸本

款识
川石。
一尊先生遗稿，『川石』二字为先生所题。未亡人吴佩君题。

钤印
张一尊（白文）
佩君之印（朱文）

石川
一尊先生遗稿川
石二字为吮生所题
末亡人吴佩君题

野径

尺寸

53cm×35cm

年代

未纪年

材质

纸本

款识

一尊夫君遗稿。辛未腊月，吴佩君题记。

钤印

一尊（朱文）

吴佩君（朱文）

一尊夫君遗稿
辛未腊月吴佩君题记

韶峰耸翠

尺寸
35cm×52cm

年代
1958年

材质
纸本

款识
韶峰耸翠。
一九五八年端阳之后，张一尊写。

钤印
老张（朱文）

韶山学校

尺寸
35cm × 48cm

年代
1958 年

材质
纸本

钤印
一尊（朱文）
一心草堂（白文）

祝融峰

尺寸

47cm × 35cm

年代

1959年

材质

纸本

款识

一九五九年春，张一尊画。

钤印

一尊（朱文）

一九五九年春
張一尊畫

螃蟹口水坝

尺寸
34cm×52cm

年代
1960年

材质
纸本

款识
螃蟹口水坝。
六零五月，一尊于江华。

钤印
一尊（朱文）

包谷丰产片

尺寸
29cm × 54cm

年代
1960年

材质
纸本

款识
包谷丰产片。
六零年三伏日写于江华大墟途中，一尊并记。

钤印
老张（朱文）

《巴陵胜状》（局部）

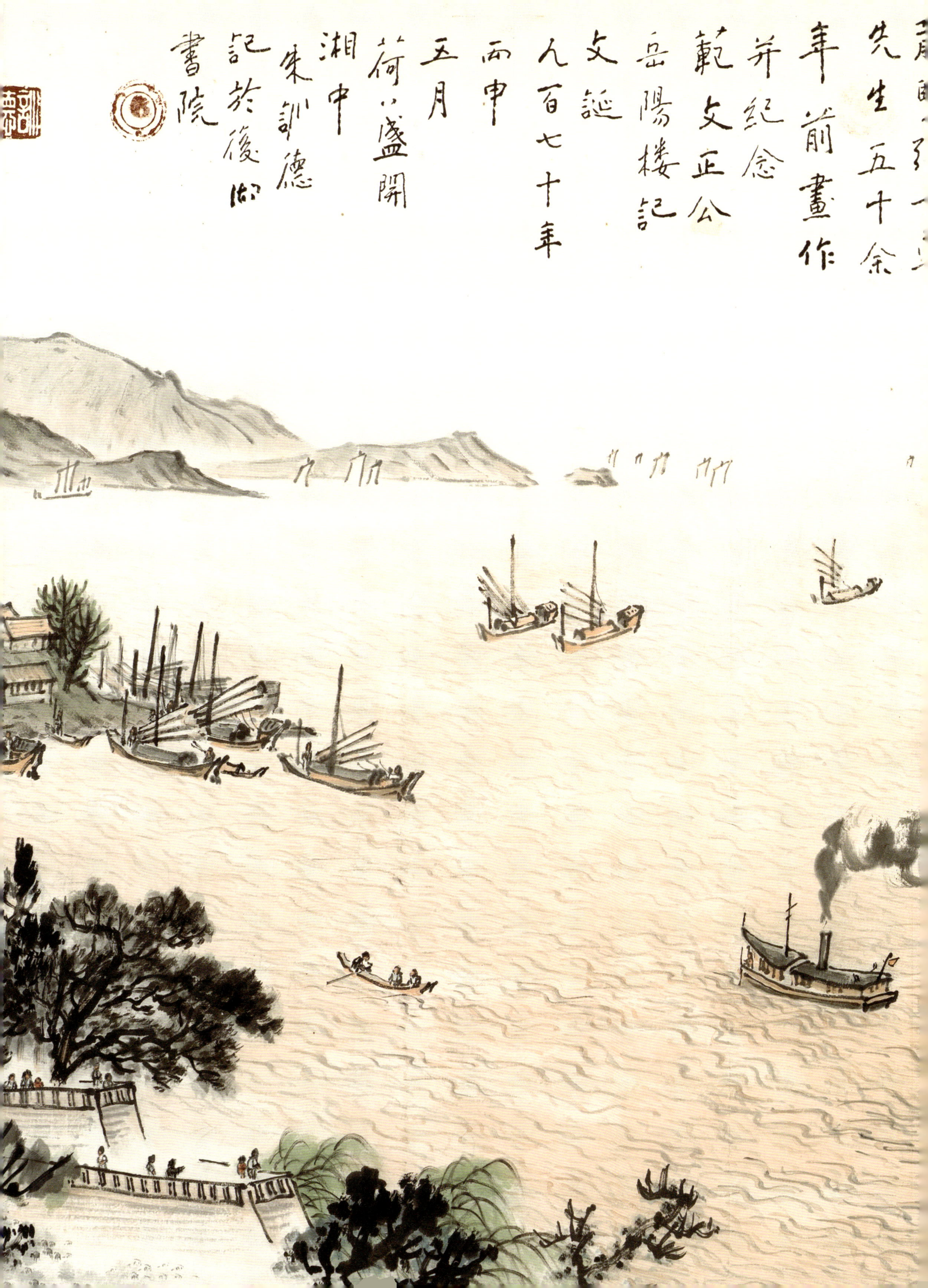
先生五十余
年前畫作
并紀念
範文正公
岳陽樓記
文誕
九百七十年
丙申
五月
荷花盛開
湘中
朱訓德
記於後
書院

《巴陵胜状》（局部）

巴陵胜状

尺寸
76cm×180cm

年代
1962年

材质
纸本

款识
予观夫巴陵胜状，在洞庭一湖。衔远山，吞长江，浩浩荡荡（汤汤），横无际涯，朝晖照映（夕阴），气象万千，此则岳阳楼之大观也，前人之述备矣。然则北通巫峡，南极潇湘，迁客骚人，多会于此，览物之情，得无异乎？录此数语，题前贤张一尊先生五十余年前画作，并纪念范文正公《岳阳楼记》文诞九百七十年。丙申五月荷花盛开湘中，朱训德记于后湖书院。

巴陵胜状。此画乃吾夫聂南溪之恩师张一尊先生于一九六二年所作。丙申初夏花鼓艺痴八十七龄钟宜淳题记于长沙。

钤印
老张（白文）
一尊（朱文）
一心草堂（白文）
肖形印（朱文）
训德（白文）
花好月圆人寿（朱文）
肖形印（朱文）
聂（朱文）
钟宜淳（白文）
守其神（朱文）
莲池藏宝（白文）

巴陵勝狀

此画乃吾夫聶南溪之恩師張一尊先生於一九六二年所作

丙申初夏花鼓藝痴八十七龄鍾宜淳題記於長沙

创作草图

予觀夫巴陵
勝狀在洞庭
一湖銜遠山
吞長江浩浩蕩
蕩橫無際涯
朝暉照映
氣象萬千
此則岳陽樓之
大觀也前人
之述備矣
然則北通巫峽
南極瀟湘
迁客騷人多會
於此覽物之
情得無異乎

北京写生组稿（一）

尺寸
18cm×25cm

年代
1963年

材质
纸本

款识
西山秘魔崖门前写生。

北京写生组稿（二）

尺寸
18cm×25cm
年代
1963年
材质
纸本

1 | 2 | 3

北京写生组稿（三）

尺寸
18cm×25cm
年代
1963年
材质
纸本

北京写生组稿（四）

尺寸
18cm×25cm
年代
1963年
材质
纸本

北京写生组稿（五）

尺寸
18cm×25cm
年代
1963年
材质
纸本

天心阁

尺寸
40cm × 57cm

年代
未纪年

材质
纸本

款识
一尊夫君画天心阁遗稿。
辛未腊月，吴佩君题记。

钤印
一尊（朱文）
一尊（朱文）
一心居士（朱文）
吴佩君（朱文）

创作草图

一尊夫君画天心阁遗稿
辛未腊月吴佩君题记

烈士公园

尺寸
28cm × 42cm

年代
未纪年

材质
纸本

款识
一尊夫君画烈士公园。
辛未腊月，吴佩君题记。

钤印
一心草堂（白文）
吴佩君（朱文）

《烈士公园》（局部）

放木归来

尺寸
35cm×52cm

年代
未纪年

材质
纸本

款识
穆桂英伐木场收工，一尊于江华。

钤印
一尊（朱文）

山水写生稿

尺寸
43cm×60cm

年代
未纪年

材质
纸本

款识
一尊夫君遗稿。辛未腊月，吴佩君题记。

钤印
一尊（朱文）
吴佩君（朱文）

湘西剿匪胜利纪念塔

尺寸
49cm×65cm

年代
未纪年

材质
纸本

款识
一尊夫君遗稿。辛未腊月，吴佩君题记。

钤印
一尊（朱文）
吴佩君（朱文）

凭高望极图

尺寸

35cm×46cm

年代

1964年

材质

纸本

款识

从文洞谷口，凭高望极，有此胜概，即兴得之，未画其善。一九六四年夏至前，张一尊毛田写生，此为十二帧之一，并以记之。

敢教日月换新天。

一尊老友毛田写生精品。二零零七年冬得见，因题数字以纪其事，八十三叟李立。

钤印

老张（朱文）

莲池藏宝（白文）

李（朱文）

立翁（白文）

石屋（白文）

老眼无花（白文）

天险一角

尺寸

48cm × 60cm

年代

未纪年

材质

纸本

款识

一尊夫君写清浪滩天险一角遗稿。

辛未腊月，吴佩君题记。

钤印

一尊（朱文）

吴佩君（朱文）

『昂首长啸震宇空』

中国画的特点是建筑在“笔”与“墨”上……笔本来是软软绵绵的，但它能表现刚健与挺秀；墨本来是黑的，然而它能表现五色。所以中国画的韵味深远，境界高超……非有优厚的天资与刻苦的习练，是决难成功的。……张一尊先生的画是纯粹的中国画，运笔用墨都到了臻善的地步，非下过数十年苦功的人决难至此。他这一次拿出来展览的作品件件皆精品，尤其他画的“马”，几乎张张是杰作……难怪有人称他为当今之“马杰”呢。

——熊佛西《读张一尊先生的画》

林中奔马图

尺寸
134cm × 34cm
年代
1941年
材质
纸本
款识
辛巳冬，客蓉城，张一尊。
钤印
一尊（朱文）

内蒙古写生组稿（一）

尺寸
20cm×28cm

年代
1953年

材质
纸本

款识
骒马速写之二。

内蒙古写生组稿（二）

尺寸

20cm × 28cm

年代

1953年

材质

纸本

款识

内蒙大堰种马厂饲养苏联的挽马，体重一千二百斤，可以拖重一万二千斤（鬃尾短，蹄大且花）。

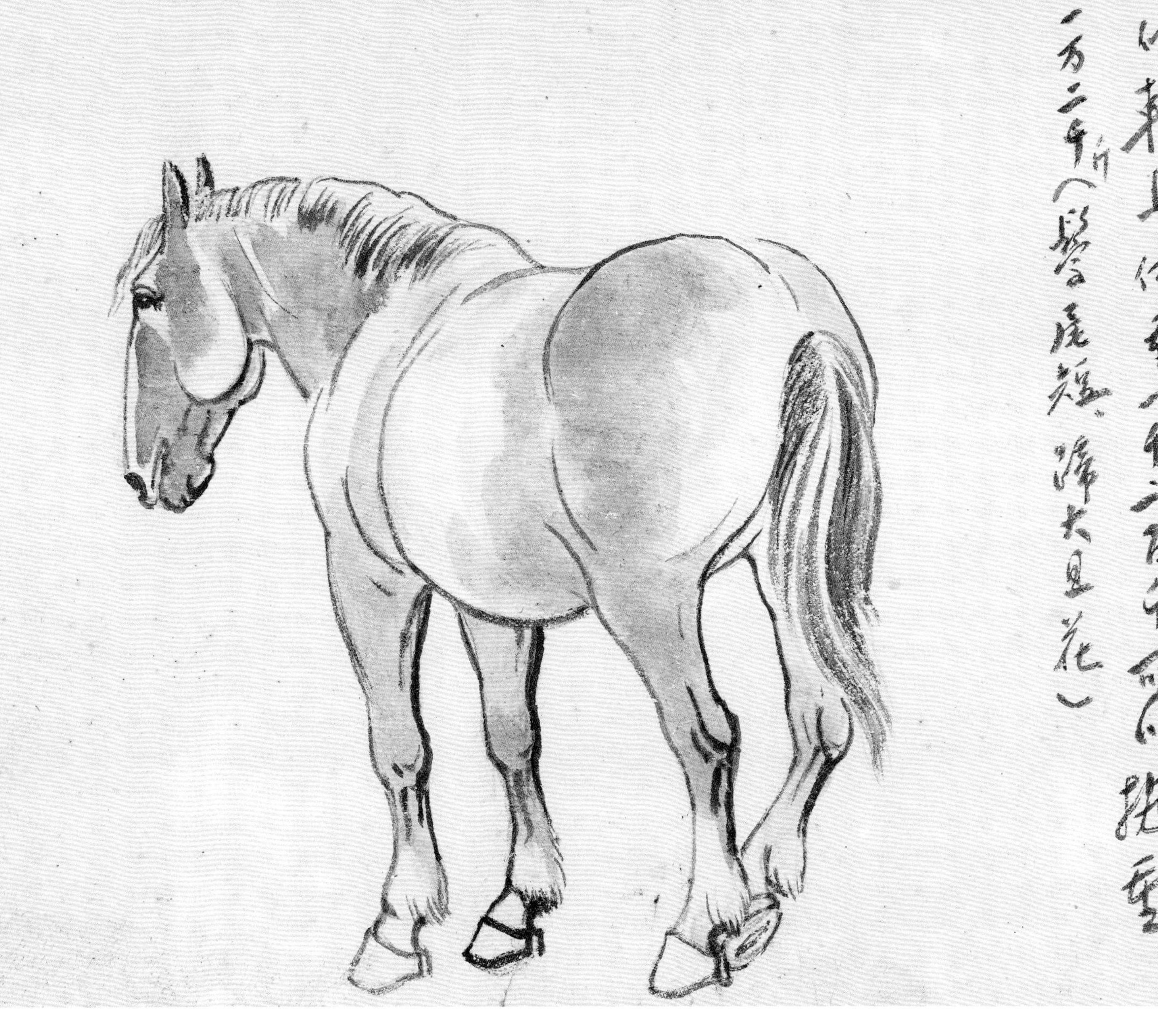

内蒙古写生组稿（三）

尺寸
20cm × 28cm

年代
1953 年

材质
纸本

款识
速写之一。
蒙古骢马，鬃长过膝，如狮头，五三冬，速写于索伦旗草地上。

一尊夫君在内蒙古写生，此类画有八幅之多，尚有七幅不知为谁所借。此幅留给晓明爱女临摹学习，力求继父志。辛未冬，吴佩君记。

速写之一
一尊夫君在内蒙古写生此类画有八幅之多尚有七幅不知落谁家此幅留给晓明爱女临摹学习勿忘继父志
辛未冬吴佩君记

内蒙古写生组稿（四）

尺寸
20cm×28cm

年代
1953年

材质
纸本

款识
蒙古花马。五三年十月于海拉尔招待所。

蒙古花马

内蒙古写生组稿（五）

尺寸
20cm×28cm

年代
1953年

材质
纸本

款识
二十四小时走四百公里。
内蒙种马厂饲养的苏联乘马［头小，腿长，尾短，臀园（圆）四足白］。速写于海拉尔大堰，五三年十月。

内蒙古写生组稿（六）

尺寸
20cm×28cm

年代
1953年

材质
纸本

款识
速写之三，内蒙生活体验。

内蒙古写生组稿（七）

尺寸

20cm×28cm

年代

1953年

材质

纸本

款识

一尊遗稿。辛未冬，佩君记。
留给晓明爱女学习参改。

一尊遗稿
辛未冬佩君记

牧马图

尺寸

27.5cm × 39.7cm

年代

未纪年

材质

纸本

款识

一尊夫君遗稿。吴佩君补记。

钤印

吴佩君（朱文）

吉首张一尊画马（白文）

传之不朽（朱文）

儒振所藏（朱文）

万马奔腾

尺寸
67cm×150cm

年代
1964年

材质
纸本

款识
万马奔腾。
一九六四年夏三伏日，
吉首张一尊作于长沙城北。

钤印
一尊（朱文）
天闲万马是吾师（朱文）

万马奔腾（局部）

神骏图

尺寸
68cm × 34cm

年代
1966 年

材质
纸本

款识
一九六六年，张一尊。

钤印
一尊（朱文）
匡正审定金石书画（朱文）
吉首土家（朱文）
里庵过眼（朱文）
传之不朽（朱文）
姜峰珍藏（朱文）
儒振家藏（朱文）

饮马图

尺寸

102cm × 47cm

年代

1964 年

材质

纸本

款识

邵年先生正之。

一九六四年元月，张一尊。

钤印

一尊（朱文）

收藏鉴赏人生一乐，雷鸣神游此中（朱文）

匡正审定金石书画（朱文）

姜峰珍藏（朱文）

姜儒振印（朱文）

儒振家藏（朱文）

里庵过眼（朱文）

聚珍轩（朱文）

传之不朽（朱文）

三骏图

尺寸

36cm×55cm

年代

未纪年

材质

纸本

款识

三骏图。

一尊先生作。

王超尘题。

钤印

乾城张氏（朱文）

一尊（朱文）

一心草堂（白文）

王（朱文）

超尘（白文）

四骏图

尺寸
36.5cm×58.3cm

年代
1972年

材质
纸本

款识
七二年元旦试笔。
一尊时居城北。

钤印
一尊（朱文）

奔马组稿（一）

尺寸
25cm×18cm

年代
未纪年

材质
纸本

奔马组稿（二）

尺寸 25cm × 18cm

年代 未纪年

材质 纸本

奔马组稿（三）

尺寸
25cm×18cm

年代
未纪年

材质
纸本

奔马组稿（四）

尺寸
18cm×25cm

年代
未纪年

材质
纸本

牧人与马图

尺寸
41cm×48cm

年代
未纪年

材质
纸本

款识
一尊大君遗稿。癸酉冬，一心草堂女主人吴佩君题记。

钤印
佩君之印（朱文）
吉首张一尊画马（白文）
一心草堂（白文）

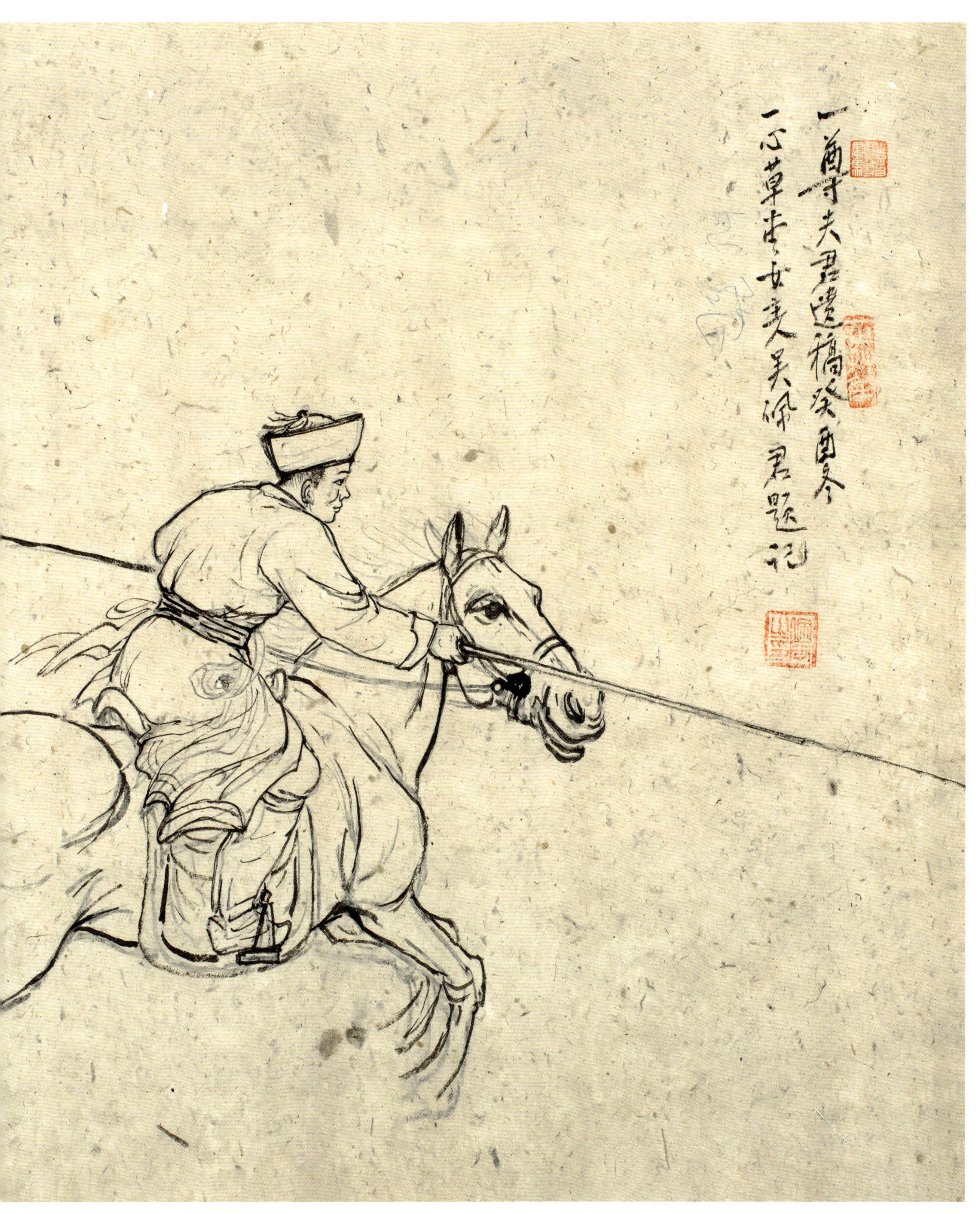
一尊夫君遗稿癸卯冬

“湖南著名美术家推介工程·张一尊艺术展”现场

『随意挥毫到白头』

白石先生画一辈子的画，一直画到他本人“油干灯熄”与世长别才停止他的画笔，这种“为人民服务”的精神，和他对美术事业的热爱，是值得我们好好学习的。他的一笔一墨，一言一行都代表我们劳动人民的思想感情，他为祖国的艺术宝库创造了无穷无尽的财富，他的贡献是伟大的，智慧是卓越的，品质是高尚的，创作态度是严肃的，生活方式是俭朴的。我们悼念他，我们应该学习他的一切。

——张一尊《白石先生千载不朽》

六牛图

尺寸
140cm×70cm

年代
1963年

材质
纸本

款识
马亨北徐南张誉，山水逸入桃花源。
画牛气韵媲韩滉，德艺双馨一尊师。
观一尊老六牛图，心生敬意，谨题之，
湘中朱训德。

六牛图。张一尊先生作。周用金敬题。

钤印
张一尊印（白文）
一尊（朱文）
一心草堂（白文）
训德印信（白文）
花好月圆人寿（朱文）
肖形印（朱文）
周氏（朱文）
用金之印（白文）
莲池主人（白文）
莲池藏宝（白文）

相关手稿

六牛圖

張一尊先生作 周用金敬題

饲鸡图

尺寸

57cm×41cm

年代

未纪年

材质

纸本

款识

一尊夫君画华君姐饲鸡图。

辛未冬，吴佩君题记。

钤印

张（白文）

一尊（朱文）

一心草堂（白文）

佩君之印（朱文）

莲池主人（白文）

莲池藏宝（白文）

相关手稿

一尊夫君画代斗君姐飼鷄圖
辛未冬吴佩君題記

松鹰图

尺寸
108cm × 47cm
年代
1963年
材质
纸本
款识
癸卯春，张一尊。
钤印
一尊（朱文）

相关手稿

癸卯春月張一尊

幼狮图

尺寸
32cm × 14cm

年代
未纪年

材质
纸本

款识
一尊遗稿。辛未冬，佩君记。

钤印
吴佩君（朱文）
一尊（朱文）

一尊遗稿
辛未冬佩君记

奶牛图

尺寸
25cm × 35cm

年代
未纪年

材质
纸本

钤印
一心居士（朱文）
一尊（朱文）

大吉祥

尺寸
35cm × 51cm
年代
1961 年
材质
纸本
款识
大吉祥。训德。
捞刀河写生。
六一年，一尊补记。
钤印
一尊（朱文）
一心居士（朱文）
朱（朱文）
乾城人（朱文）

家豚图

尺寸

36cm × 31cm

年代

未纪年

材质

纸本

款识

一尊遗稿。佩君题记。

钤印

吴佩君（朱文）

张一尊（白文）

一尊（朱文）

相关手稿

螃蟹图

尺寸
28cm × 40cm

年代
未纪年

材质
纸本

款识
一尊夫君遗稿。辛未冬，吴佩君题记。

钤印
吴佩君（朱文）
张一尊（白文）
儒振所藏（朱文）
一心草堂（白文）

一尊夫君遗稿

鸬鹚图

尺寸
20cm×41cm

年代
未纪年

材质
纸本

款识
一尊夫君遗稿。辛未冬，吴佩君记。

钤印
吴佩君（朱文）
张一尊印（白文）
吉首土家（朱文）
一心草堂（白文）

盘玉娥同志

尺寸

41cm × 31cm

年代

1960年

材质

纸本

款识

盘玉娥同志。

六零年六月于江华林区花木兰苗圃写，一尊。

钤印

一尊（朱文）

一心居士（朱文）

一尊书画（白文）

乾城人（朱文）

一尊人物寫生遺稿
辛未冬佩君記

牧民写生图

尺寸
29cm × 39cm

年代
未纪年

材质
纸本

款识
一尊人物写生遗稿。
辛未冬，佩君记。

钤印
吴佩君（朱文）
张一尊印（白文）
吉首土家（朱文）
一心草堂（白文）

人物写生图（一）

尺寸
28cm × 41cm

年代
未纪年

材质
纸本

款识
一尊人物写生遗稿。辛未冬，吴佩君记。

钤印
吴佩君（朱文）
一心居士（朱文）
一尊（朱文）
乾城人（朱文）

人物写生图（二）

尺寸
28cm × 41cm

年代
未纪年

材质
纸本

款识
一尊人物写生遗稿。辛未冬，佩君记。

钤印
吴佩君（朱文）
一心草堂（白文）
一心居士（朱文）
一尊（朱文）
乾城人（朱文）

一尊人物写生遗稿

一尊人物写生遗稿

人物写生图（三）

尺寸
29cm × 38cm
年代
1957 年
材质
纸本
款识
苗族姑涉水。
一九五七年春三月，一尊造稿。
钤印
一尊（朱文）
一心草堂（朱文）
乾城人（朱文）

人物写生图（四）

尺寸
29cm × 38cm
年代
1957 年
材质
纸本
款识
一九五七年春三月拟写草原少女，一尊。
钤印
一尊（朱文）
一尊（朱文）
一心草堂（白文）
一心居士（朱文）
乾城人（朱文）

节临《曹全碑》

尺寸
87cm×20cm

年代
1942年

材质
纸本

款识
同僚服德，远近惮威。
建宁二年，举孝廉，除郎中。
佩君贤弟临《曹全碑》颇有心得，书此以赠。
壬午冬，张一尊。

钤印
张一尊（白文）
一心居士（朱文）
莲池藏宝（白文）

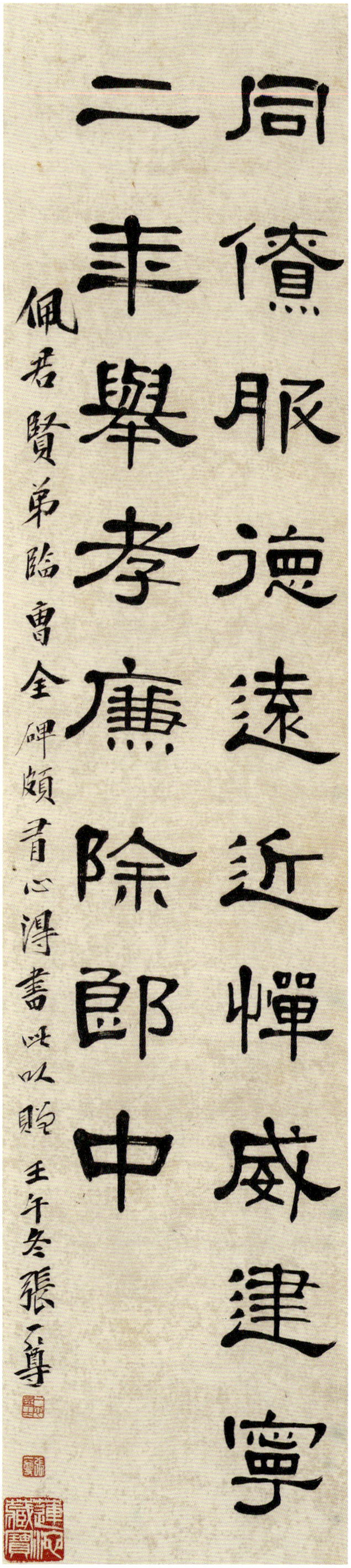

书毛泽东《清平乐·六盘山》

尺寸
109cm × 20cm

年代
未纪年

材质
纸本

款识
天高云淡，望断南飞雁。不到长城非好汉，屈指行程二万。六盘（山）上高峰，红旗漫卷西风。今日长缨在手，何时缚住苍龙？毛主席六盘山清平乐词。张一尊书。盘下落山字。

钤印
一尊（朱文）

画家

尺寸
29cm × 38cm

年代
未纪年

材质
纸本

款识
一尊人物写生遗稿，似写他自己。
辛未冬，佩君记。

钤印
吴佩君（朱文）
一尊（朱文）

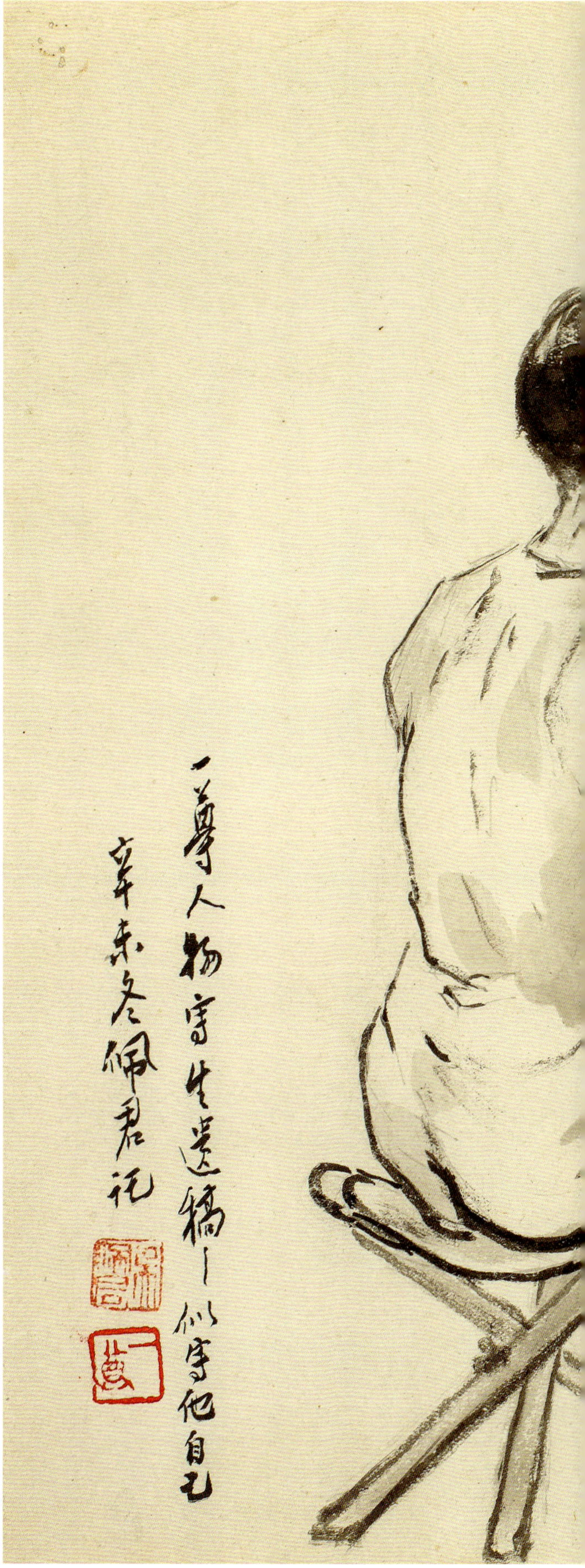

“湖南著名美术家推介工程·张一尊艺术展”现场

“湖南著名美术家推介工程·张一尊艺术展、周昭怡艺术展”研讨会综述

文/陈元幸子
周敏珏

2023年10月11日，“湖南著名美术家推介工程·张一尊艺术展、周昭怡艺术展”研讨会在湖南美术馆召开。研讨会由湖南美术馆馆长、湖南省美术家协会副主席田绍登主持。出席研讨会的专家有：中国美术家协会水彩画艺委会名誉主任、湖南省美术家协会顾问黄铁山，湖南省美术家协会名誉主席朱训德，湖南省美协副主席、秘书长谭长德，湖南省书法家协会副主席、秘书长胡紫桂，湖南省文化馆副馆长曹隽平，湖南省省直机关书画家协会名誉主席邓辉楚，长沙市书法家协会副主席夏时，湖南科技大学教授周平，湖南省书协教育委员会原主任、周昭怡学生代表贾铎，长沙美术馆学术委员会秘书长匡正，湖南美术馆副馆长周玲子，湖南美术馆副馆长孙婵，“周昭怡艺术展”策展人周敏珏，“张一尊艺术展”策展人陈元幸子以及张一尊家属代表张晓明、张羽嘉等。

首先，两位策展人从前期筹备、展览呈现和后期研究三方面介绍了两个艺术展的相关情况。之后，与会专家围绕“张一尊、周昭怡艺术成就在20世纪中国美术发展中的学术定位”“张一尊与20世纪湖南美术事业的发展”“周昭怡与20世纪湖南书法事业的发展”三个议题分别发表了见解。

围绕第一个议题“张一尊、周昭怡艺术成就在20世纪中国美术发展中的学术定位”，中国美协水彩画艺委会名誉主任、湖南省美协顾问黄铁山在发言中提出，张一尊、周昭怡是新旧中国交替过程中在美术界、书法界承上启下的两位代表人物，是德艺双馨的艺术家。张一尊先生曾在北伐战争和抗日战争时两次从军，在国家需要他的时候，即使十分热爱艺术，还是毅然决然投身到国家最需要他的地方去，这是非常可贵的。周昭怡先生在1949年后也做了很多公益事业，当过中学校长、育幼院的副院长，她一生未婚，把自己的精力都倾注到为他人服务的事业上。这两位先生的人生品格和精神境界值得后辈学习。在艺术上，他们继承传统、深入生活，取得了很高的成就。周昭怡先生自作诗中有一句“功力深时创意成”，很好地点明了艺术创新的重点——没有深厚的功底，也就无从谈创新。两位先生为湖南美术和书法事业的积极发展开辟了道路，我们应该继承他们的传统，把今后的工作做得更好。湖南省美协名誉主席朱训德表示，张一尊和周昭怡是湖南美术事业和书法事业的开拓者，张一尊的艺术中充满了热情、热爱与信心，周昭怡的书法里呈现出一种浑厚正大的气象，传递出一种阳光向上、端正做人的态度。湖南省文化馆副馆长曹隽平指出，通过此次展览，观众对张一尊的艺术全貌有了更充分的认识。湖南省文化馆所藏的张一尊先生作品《关山驮马》，正是他山水画的代表作之一。张一尊的山水画能达到很高的境界，与他长期坚持深入生活、实地写生息息相关，这份理念与精神值得所有艺术家学习。

湖南省书协副主席、秘书长胡紫桂指出，周昭怡是湖南省书协的奠基人、首任主席，是誉满三湘的书法大家，也是20世纪最有影响力的女书法家之一。在20世纪众多卓越的书法家当中，周昭怡先生以其鲜明的颜体书风为书坛所瞩目，是一位实力派大家。她书法造诣深厚，功底扎实，擅长各种书体。她的作品、艺术理念、教育思想、对公益事业的付出，在一定程度上推动了湖湘文化和中华优秀传统文化的传承和

发展。湖南省书协教育委员会原主任贾铎认为，周昭怡先生家学渊源深厚、幼承庭训，为她日后的书学成就奠定了基础。她自幼崇拜颜字的大气磅礴，日夜习练。其书法笔力惊绝，雄健豪迈，得鲁公古劲简洁之美，又篆籀之气弥漫满纸，在貌似简单的形势下却蕴含着绝不简单的笔底乾坤。其独特的用笔方法，使其书殊有骨力，全以力胜，可谓独步一时。

湖南科技大学教授周平表示，讨论周昭怡，需要重点关注她教育家的身份。教育家首先需要有丰富的知识体系与积累，能够身为表率，躬行实践，要有悲天悯人的情怀，要有开放的视野及有教无类的教育理念。正因为这种教育家的身份，所以她的书法一定不是书法家的做派，而是更接近中国传统文人的书写方式。这种书写方式恰恰具有书法的内涵和精神境界。长沙美术馆学术委员会秘书长匡正认为，周昭怡是20世纪著名的、具有代表性的女性书家，是颜氏书风在湖南的重要传承者。从颜真卿的《大唐中兴颂》开始到钱南园，到何绍基，到谭延闿、谭泽闿，到晚清民国的一批军政要人，再到周介祹、周昭怡、颜家龙，他们都在自己的笔墨中融入了颜体的巍峨之气。周昭怡的书法承继了颜体风范，但并不囿于情趣和技巧，而是崇尚正大宏阔的气格，这也体现了湖南人的地域性格。

围绕第二个议题"张一尊与20世纪湖南美术事业的发展"，湖南省美协副主席、秘书长谭长德指出，张一尊是一位美术底蕴深厚的艺术家，也是湖南美术事业的开拓者。张一尊的山水画既有传统的笔墨语言，又彰显了时代气象；他的动物画神形兼备，富有生活特征，同时又有时代创新的意趣。他曾为筹建湖南省美协付出了辛勤劳动。他在任湖南省美协主席期间，多次举办全省性美术展览、美术讲座，赴全省各地开展写生活动，培养了大批美术人才，为湖南美术事业做出了巨大贡献，是一位德艺双馨的艺术先辈。中国美术家协会水彩画艺委会名誉主任黄铁山认为，张一尊和周昭怡这两位开路人在中华人民共和国成立初期对湖南美术和书法事业走上正道无疑起到了非常重要的作用。湖南省省直机关书画家协会名誉主席邓辉楚也表示，张一尊先生在湖南美术界人品和口碑很好，是一位厚道的长者。他为湖南美术的发展奠定了一条光明、积极的正路，这是一个了不起的成就。

围绕第三个议题"周昭怡与20世纪湖南书法事业的发展"，湖南省书协副主席、秘书长胡紫桂表示，周昭怡先生积极推动湖湘文化的传承和发展，筹建了湖南省书法家协会（当时名为中国书法家协会湖南分会），她担任第一届省书协主席，并组织了如首届"湖湘书法大赛"等一系列书法活动，选拔出一批优秀的书坛后备人才，为湖湘文化的传承和发展做出了重大贡献。长沙市书协副主席夏时曾编写《周昭怡年谱》，他提出2024年是湖南省书协成立四十周年，湖南美术馆在这个时间节点推出"周昭怡艺术展"适逢其时，十分有意义。他认为周昭怡首先是湖南重要的教育家，也是湖南妇女界的代表人物，具有较大的社会影响力。其次，作为书法家，周昭怡是颜真卿、何绍基一脉在湖南书法历史上的总结性人物，是湖南书法史上承前启后的重要代表。长沙美术馆学术委员会秘书长匡正指出，周昭怡对于湖南书坛的意义在于她将晚清民国湖南书法的风范引接到了当代，让后人得以继承。湖南省书协教育委员会原主任贾铎提到，1984年，周昭怡就任中国书协湖南分会首任主席后，为了摸清湖南书坛的家底，决定举办书法史上开先河的"湖湘书法大赛"，为培养和发掘书法人才还举办了少儿、中青年书法展，包括1985年2月"湖南省第二届书法篆刻作品展览"、1985年2月"迎春书展"、1985年8月15日至20日"湖湘书法大赛"、1985年9月25日至10月25日"湖湘书法大赛获奖作品展览"、1986年3月长江流域十省市联合主办的"长江颂书法展览"、1987年5月"中南五省青年书法联展"、1987年6月"北京、湖南书法篆刻联展"、1987年"湖南省在校学生书法展"、1987年"湖南省首届少年儿童书法展"、1988年9月"周昭怡书法展"。这些展览对培养和挖掘湖南书法人才以及加强省际交流学习、扩大湖南书坛的影响力都产生了深远的意义。湖南今天在中国书坛的强势崛起与先生的战略眼光和辛勤付出是密不可分的。

研讨会结束时，湖南美术馆馆长田绍登总结道："'湖南著名美术家推介工程'是湖南美术馆为构建湖南近现代美术史所重点推出的品牌项目，第一批八位艺术家的推介计划已经全部完成，得到了社会各界的肯定与好评。在今后的工作中，湖南美术馆将以湖湘百年的学术概念为核心，围绕20世纪湖南美术，重点关注百年湖南美术中的重要艺术家、重要作品、重要艺术事件和美术现象等，以期推出更多更好的研究成果，为推动湖南美术事业的发展做出努力。"

随意挥毫到白头

——画家张一尊的生平与艺术

文/陈元幸子

一

张一尊（1902—1973）

张一尊，字也军，原名张耀定，1902年农历正月初七出生于湖南吉首太平乡司马溪坪里河村的一个农民家庭，爷爷张学启，是清朝末年的秀才，靠教书养家，父亲张成谋以务农为生。张一尊在家中排行第三，自幼聪颖好学，酷爱绘画。1905年，清朝废除科举制，兴办学堂。父母为培养儿子，在张一尊读了几年私塾后，把他送到乾州外婆家，入“洋学堂”——乾州公立模范小学读书。从司马溪到乾州，张一尊的眼界与经历得到了丰富。乾州属于湘鄂川黔边界的交通要道，小溪桥马路上来往的商队马帮，让他对马的姿态与结构有了近距离的观察。“他不仅爱画马，还经常模仿马的动作，学习马儿呼叫的声音。他常常两手按地，学马走路、奔跑、昂头、扬蹄，学得十分逼真。”[1]开启了他一生与马不解的缘分。为补贴家用，他在假期无师自通学会了剪花样，给绣娘们提供了新鲜的图案样式，显示出他与众不同的美术天赋。1918年，他考入位于沅陵的湘西第八联合中学。沅陵是张一尊人生中极为重要的地方，1938年他跟随部队调驻此地，并在伍家坪修建了“尊庐”，为自己在军阀混战不休、地方动荡不安的年代建筑了“避难所”。1945年，与第二任妻子吴佩君亦在沅陵完婚。作为历史古城的沅陵，其丰厚的文化遗产也滋养着年轻的张一尊。“城内有唐代建的雄伟的龙兴讲寺，风景名胜凤凰山、二酉山、壶头山、龙泉山、辰龙关、清浪滩，明清两代建的‘辰州三塔’，即凤鸣塔、龙吟塔、鹿鸣塔，还有所谓‘辰州八景’……”[2] 他于1957年为参加“湖南省首届美术作品展览会”创作的《清浪滩天险》，描绘的就是沅陵清浪滩的险壮景象。

对张一尊而言，中学四年带给他的最大影响是结识了美术启蒙老师王晴川[3]。王晴川先生曾毕业于醴陵瓷业学堂，学习工艺美术，后考入上海美术专科学校，专攻西洋画。[4] 除在沅陵教书外，他还曾任教于湖南私立华中美术学校，兼任省立一中、二中，省第一职校和衡粹女子学校美术教员[5]，是一位美术基础扎实、教学经验丰富的老师。经王晴川指点，张一尊开始临习赵孟頫和钱南园书画集、《芥子园画谱》等，并尤其留心观察自然风景和风土人情，注重野外写生。在这期间，他也钟情于湘西“二谷老人”张称达[6]的山水画作品，经常前往挂有张先生山水画的药铺，一饱眼福。

中学毕业后，张一尊因家境困难，不得不放弃升高中与考美专的愿望，他开始要为自己日后的人生寻找方向了。

二

1922年，张一尊独自在省会长沙讨生活，起初靠卖画勉强为生，后经朋友介绍，找到一份收印花税的工作。1923年，国内形势有所改变。1月1日，孙中山发表了《中国国民党宣言》，标志着改组国民党进入新阶段，也宣告了中国革命开始了一个新时期；6月15日，中共中央发表《中国共产党对于时局的主张》，指出帝国主义的侵略和军阀政治是中国内忧外患的根源，也是人民受痛苦的根源，并主张和国民党等革命党派以及其他革命团体建立民主主义联合战线，共同反对帝国主义列强和封建军阀的双重压迫；10月25日，孙中山委托廖仲恺、邓泽如在广州召开国民党改组特别会议，着手办理国民党改组事宜。此时的张一尊崇尚孙中山主张，对国民党抱有极大希望，一心想要参军入伍。11月，他顺利考入武卫军学兵营，改名铁军。学兵营为时任湘军暂编1师1旅旅长贺耀祖所办，军纪严明，张一尊毕业后留营，成为一名下级军官。1923年6月1日，“六一惨案”[7] 发生，“长沙各界罢市、罢课三天，并向日本人提出抗议”。[8] 这场维护民族尊严与正义的抗议反而遭到军阀赵恒惕的镇压。张一尊亲历此事，更加坚定了打倒帝国主义和封建军阀的决心。1926年，贺耀祖接受共产党人谢觉哉建议，其部队编入国民革命军建制，他担任国民革命军独立第2师师长，率部北伐。张一尊跟随部队南征北战，拼杀在枪林弹雨中。独立第2师势如破竹，攻克北洋军阀孙传芳扼守的九江后，担任九江防务。驻防的时间，张一尊常以读书作画为乐。“他喜欢唐诗、宋词一类古典文学作品，也读新近出版的新书和报纸。……他还常常目不转睛地盯着战马出神，或学马嘶鸣，甚至学马奔跑、打滚。”[9] 在九江，张一尊与第一任夫人吴华君相识并完婚。

1927年初，贺耀祖兼任北伐军江右军第3纵队指挥官，后晋升为国民革命军第40军军长，张一尊亦升为上尉副营长。3月，贺耀祖部队会同程潜、鲁涤平部队分三路攻克南京，意味着孙传芳军阀势力在江南的彻底失败，然而张一尊对国民党的信心却逐步下滑。1928年5月，张一尊调至第17军，担任军部上尉参谋。在发生四一二、七一五反革命政变，宁汉分裂，南昌起义等政治变动后，张一尊经常反思：“把北洋军阀打倒后，国共两党应当精诚团结，建设国家，现在老打内战，消耗精力，值得吗？这样老打下去，对得住九泉下的孙中山先生吗？”[10] 因思想消极，张一尊被下调至17军1师1团上尉副官，又因与1团团长关系不谐，向部队提出辞职，计划与夫人回湘另谋出路。

三

1929年1月，经朋友引荐，张一尊在长沙警备司令部谋得上尉参谋一职，在长沙安顿下来。5月，调四路军总部任少校副官，仍驻防长沙。这一时期，生活相对稳定。一方面，张一尊把主要精力集中在画画上，在画马、山水画、书法上猛下苦功，日渐精进。另一方面，他在长沙朋友多，与好友相聚亦成为他的一大乐事，尤其与文艺界活跃分子，如画家刘寄踪[11]、周磊村[12]，篆刻家黄铁庵[13]，通俗小说家向恺然[14]，南社诗人田星六[15]、田个石交往密切。1932年秋，张一尊与周磊村、刘寄踪、何薰[16]、张柏年[17]、李裕辉（女）等发起组织的“潇湘书画社”成立，书画社由前清翰林粟谷青[18]任社长，衡粹女校校长王季范[19]担任名誉社长。其他社员还包括毛凤祥[20]、李玄九[21]、吴惠[22]、周维、周介稜、曾省斋、黄遐举[23]、陈国钊[24]、雷恪[25]、雷悦[26]、廖松涛、戴新杰、沈章含（女）、刘根洵、魏志杰[27]、翟翊[28]、凌敏德等。从教育背景来看，他们主要分为两类，一类是湖南本土的传统书画家；一类是北京、上海等美术院校毕业的专业生。从职业上看，他们大多数是美术教员，有的在各中学教美术，有的在华中美校[29]教授专业课。张一尊是里面唯一的军人，没有受过美术学校培训，但他积极筹划组织社里各项活动，主动承担事务性工作，“办事热情，富有牺牲精神”[30]，颇受社员称赞与尊重。

1933年元旦，潇湘书画社第一届展览在衡粹女校展出，“当时报载‘潇湘书画社的成立使湖南画坛有了新的起色’，当时的报刊评说‘非常精彩’，尤其报道了‘张也军的马、刘寄踪的鸡，别开生面，独树一帜’”。[31]同年9月，书画社第二次展览在长沙市中山公园中山厅举行，此次规模较第一次更大，共展出社员作品二百余幅。1933年《华中期刊》下期刊载了一篇名为《参观潇湘书画展览会记》[32]的文章，记录下了当时展览的盛况与风采：

> 1933年秋末，潇湘书画社在长沙市组织第二次潇湘书画展览，会址设在长沙市中山公园中山堂。展厅高阔四敞，满厅都挂满了书画作品，其中最突出的有华中美术学校周磊村、刘寄踪、张柏年、陈国钊、何薰、雷恭甫、黄遐举、张一尊、廖松涛、魏志杰、戴新杰、吴雅芝、翟翊、凌敏德诸家的作品，其写情描景无不神贯气足，观者深深敬佩、羡慕。其绘画艺术之高超，尤以周君磊村善工竹石，其作品有墨竹四巨幅，悬诸壁左，令人观之，有君子风，可以平骄气、助诗情，其摇风迎日之姿，无不毕肖。刘寄踪、何薰、黄遐举三君乃花鸟画之名家也，其间描有冬笋一幅，列陈纸面，如置于土果店中，若市而归之，去其箨，烹其食，必美趣可口。另有白菜、芋头、辣椒、蔬果条幅及紫藤多幅。此何薰之杰作也。座右有童鸡一群，羽翼未丰，尾部现肉色，游啄青草间，有啄虫者、拔翠者、缀花苞者、斗者、戏者、鸣者，活跃于纸上，骤观之，莫不惊以为活物，远观之，自疑身处芳郊之外，自以为成了牧鸡叟矣。此刘君寄踪之杰作也。周君雅芝乃牡丹画之专家也，所画之牡丹，垂头带露，朱红半点，让美人观之，莫不羡其艳者。张一尊，军中壮士，善绘马，作有八骏图一幅，俯仰于溪涧间，或驰或伏，或奔或追，或昂首长鸣，各现其妙。特别是雷恭甫、陈国钊、张柏年、魏志杰诸家所作之山水画，各具特色，其近泉者无不清凉，其靠山者无不峻险，有可居者、可游者，绘青者则有清新之景气，描秋者则有肃杀之暮色，其间缀以人物，或耕读，或樵渔，令人观之，无不产生攀险寻幽之感。展厅展出作品共二百余幅，琳琅满目，欣有可观，观者均羡慕诸家艺术造诣之高深，而愧自己望尘莫及。可惜难以购得一二幅名家作品珍藏之，只得作此参观书画展记，以志不忘。

1934年，《北洋画报》亦对此次展览做了图文报道，并介绍道：“潇湘社创始于前年秋间，为湖南第一流书画家之集团。社员共二十余人。曾于客岁春假长沙衡粹女校开第一届展览会，颇获社会之同情赞许。去岁腊尽，复在名画家毛凤祥氏领导之下，于长沙省教育会中山堂，举行第二届画展。其作品在数质上，均较前进步。”[33]随着展览活动的增多，潇湘书画社的社会影响不断增大，逐渐成为20世纪30年代湖南最具影响力的艺术社团。

第二届展览后出版了《潇湘书画集》，精选收录了画展中的25幅作品，其中包括张一尊的《马》和《八骏图》两幅作品，这也是目前文献资料中能看到年代最早的张一尊作品。《八骏图》中八匹不同形态、情态的马占据着画面中心，栩栩如生，可见张一尊具备了掌控和处理群马构图的能力。另一幅《马》描绘的是几匹骏马穿行嬉戏于山水间的场景。在这张作品中，画家加重了对山水部分的勾勒，马的比例明显缩小，成为构成山水画面的一个部分，画面较之前更

张一尊书法手稿

为丰满。据其夫人吴佩君回忆，这一时期，“（张一尊）在画马的同时，他对山水画也下功夫，对石涛、八大山人的作品心领神会，学习古人的传统技法，大大提高了自己的作画水平”。[34]与此同时，他还精心钻研书法、诗词、篆刻，在书法上先学柳公权、颜真卿，后临隶篆，为之后的绘画创作奠定基础。

1933年，受书画社社员、时任湖南私立华中美术学校校长周磊村的邀请，张一尊于2月至11月在该校担任军训主任兼美术教师[35]，每周教授两节美术课。1934年12月，张一尊所在的四路军总部改组，趁此机会他决心再次辞去军职，做一名职业画家。除了画马，他也有计划地赴各地写生，创作山水画。他两度出差庐山，归来后创作两套山水画册页，其中一套“由长沙著名书画家徐桢立书写‘庐山真面’四个字，小说家平江不肖生向恺然、南社诗人田星六、汪孟莱等人写诗题词，大家赞赏”。[36]为了更好地宣传和交流艺术，他开始在各地举办展览，积累社会影响力。1935年10月，其个展在南京开幕，“新闻记者纷纷前来采访，各报以显著的位置发表消息、专访和评篇文章”[37]。1937年6月，“张一尊画展”在衡阳民众教育馆展出，参观者络绎不绝。蒋维亚先生为此撰写了《参观张君画展后》，写道：“张君之画，确有独到处，笔法苍劲，生机盎然，展出一百五十余幅作品，几乎抢购一空，轰动衡阳城。”[38]画展作品包括山水、花卉、动物等题材，画的最多也最受观众喜欢的还是马。

为了筹备展览，他“没日没夜地作画，身上穿的背心湿透了，仍然顽强拼搏”[39]，他也不觉疲累，因为画画是自己喜欢的事。在情感上，他与日后成为他第二任妻子的吴佩君相处舒适、和谐，生活平淡却充实。然而这样心满意足的状态又将被历史的尖刀划破。

四

1937年7月7日，“卢沟桥事变”爆发，揭开了全国抗日战争的序幕。作为一名曾经扛过枪打过仗的在野军人，张一尊毅然决然放下画笔，走出画室，再次应征入伍，全身心投入抗日斗争之中。入伍后，他担任保安暂编团团长，率部队驻防湘西乾城（今吉首）。此时，湘西地界政治局势混乱，匪患严重：

> 各县土匪趁火打劫，“湘西王”陈渠珍策划苗民领袖龙云飞组织革屯抗日救国军，聚集3000余人在凤凰县总兵营（山江）召开誓师大会，很快攻开或围困永绥（今花垣）、凤凰、乾城、麻阳、保靖等县城。[40]

张一尊率领部队积极开展剿匪运动，并在收编民军的过程中承担了大量工作，其间母丧，痛不欲生，然仍收拾心情，回到部队继续剿匪。1938年，张一尊奉调驻防沅陵，并兼任防空少将副司令。其间感慨多年奔波在外，如水中浮萍四处漂泊，他托人在沅陵伍家坪购入地皮，建造了一栋两层半的房子，自刻“尊庐”，并自书对联“多留余地铺明月，不筑高墙碍远山”，亲近自然，平实恬淡，为自己和家人寻得一处定心的安乐窝。1939年12月，日寇侵略加剧，全国抗日斗争愈演愈烈。张一尊所在团改番号为七十三军七十七师野战补充团，开赴前线，先后驻防江西铜鼓，湖南澧州（今澧县），湖北松滋、宜都等地。[41]抗日空闲，张一尊仍不忘作画，走到哪里就把画笔带到哪里，用他自己的话说就是“画丢了，艺没丢”。如今还流传着他曾用自己的绘画技艺为将军同学们解围之美谈。1941年春，张一尊奉调赴成都中央陆军军官学校高等教育班第八期受训，此班学员大都是来自抗日前线的少校或少将级军官，带职带薪受训。张一尊入学后即调充上校附员，每月薪俸为120元旧法币。年底因返回部队的川资还未发放，路费仍未有着落，同学们知道张一尊画艺精湛，建议他举办一次个人画展，试试能否解燃眉之急。高教班八期学员陈扬汉回忆道：

张接受了大家的意见，在同学的协助下，他不分日夜，争分抢秒，挥毫作画。他的作品以马为主，花鸟山水为辅，不久，他的画展在成都拉开了序幕，每张画的标价是200至600元不等，所有展品，几天时间就订购一空，共获得法币一万九千余元，折合银元约两千余元，不仅解决了他个人的旅费，还帮助了其他经济紧缺的同学。[42]

这次个展大获成功，让张一尊重新拾回了做专业画家的信心。他曾对吴佩君言："等抗战胜利后，我依旧当专业画家。"[43]从成都回部队后，他不仅没接受上级为他安排的少将参谋长职务，还辞掉了补充团团长一职，决心再次做回职业画家。1945年，张一尊如愿与第二任妻子吴佩君在沅陵完婚。没有了情感困扰，他更能潜心创作，筹备画展。到1949年前，张一尊主要在各地举办画展，社会影响不断扩大，为之后参与湖南美术事业的建设埋下了种子。

1944年春，张一尊到衡阳办画展，正值日军进攻湘北，长沙、湘潭、株洲等地先后沦陷，衡阳危在旦夕。衡阳展览仓促结束后，应友人邀约，他在炮声中来到广西桂林、柳州举办个展，共展出300余幅国画精品，在当地广受欢迎。1945年8月15日，日本帝国主义无条件投降，抗战胜利，举国欢腾。8月，先后赴常德、津市举办画展，收津市城隍庙小学教员王超尘为弟子；11月，赴重庆出任中央抚恤委员会少将视察，日常仍专心绘事，于1946年3月在重庆中苏友好馆举办展览。眼看国内形势变幻莫测，张一尊察觉可能会爆发全国规模的内战，他与夫人抵达上海后第一件事即办理退役手续，正式与军队告别。

1946年9月16日至20日，张一尊画展在上海展出。15日预展当天，上海《大公报》刊登了章士钊文章《张一尊画马》，为展览预热；16日，上海《大公报》第5版刊登李健吾《湖南张一尊先生》和熊佛西《读张一尊先生的画》两篇文章为展览造势。三人都对张一尊的为人和作品作出了高度评价。如李健吾谈张一尊的人生选择："太虚樵者张一尊先生要以画家的身份和世人见面了，实在是一个天大的喜讯。他要改行，他有道理，我为他道喜。他是一位少将阶级的军官，带了多年兵，如今胜利了，忽然没有意思再在军队里混了，在枪杆第一的今日，他有的是万里前程，然而什么东西让他觉得假如一个人在生命之外还有生命的话，他必须回到他的真正的职业——所谓艺术者是。"[44]如章士钊评张一尊的马，有言："穷研天下万马之形态，其如尺寸有准，动定有出，使笔也纵，用墨也泼，诚于画道，尽其能事矣。"[45]熊佛西亦言："中国画的特点是建筑在'笔'与'墨'上……笔本来是软软绵绵的，但它能表现刚健与挺秀；墨本来是黑的，然而它能表现五色。所以中国画的韵味深远，境界高超……非有优厚的天资与刻苦的习练，是决难成功的。……张一尊先生的画是纯粹的中国画，运笔用墨都到了臻善的地步，非下过数十年苦功的人决难至此。他这一次拿出来展览的作品件件皆精品，尤其他画的'马'，几乎张张是杰作……难怪有人称他为当今之'马杰'呢。"[46]

同年10月，上海《环球画报》亦推出"张一尊先生画马"专题，刊载三张画马作品，并配文："张一尊先生为国内四大画马专家之一，本页各图为其近作，用笔浑厚，气韵生动，跃跃纸上，不同凡品。"当时在美术界，张一尊与徐悲鸿、

张一尊与夫人合影

张一尊 《万马奔腾》 1964 年

沈逸千、梁鼎铭并称“画马四杰”，又有“北徐南张”之美誉，可窥见此时张一尊的社会影响。

之后，他辗转杭州、武汉、长沙、桂林、柳州多地办展。1948 年 11 月在柳州办展时，岳母逝世，他赶回沅陵奔丧。1949 年 1 月，因沅陵“三二事变”，他回到吉首老家司马溪，静静等待曙光的来临。

五

1949 年 10 月 1 日，中华人民共和国成立，中国从此翻开了新的一页，张一尊的艺术与人生也进入了新阶段。

1951 年 5 月，经湘西行署领导关心，张一尊接到湖南省人民政府主席王首道的聘书，赴长沙出任湖南省文物管理委员会委员。当他重拾画笔继续艺术创作时，他深深感到自己的创作认识和表现手法很难适应新的时代要求，主动提出赴北京学习。在京期间，他受到同乡——时任中央军委办公厅副主任朱早观的接待，并多次拜访齐白石，与其交往深厚，回湖南后曾于 1957 年和 1964 年分别撰写《白石先生千载不朽》和《齐白石的艺术创作》，以示敬意。1953 年 10 月赴内蒙古体验生活，此次出行对他之后创作“万马奔腾”等题材实有助益。同年，他的作品《关山驮马》入选在北京举办的“第一届全国国画展览会”，是湖南唯二入选的作品之一。此次展览各地区入选作品情况显示了湖南整体美术水平欠佳，本想留在北京发展的张一尊听从朱早观的建议，决定回乡发展湖南美术事业。

1954 年，张一尊当选为湖南省第一届人民代表大会代表。在此之后，他从旧社会的将军画家转变为新社会的美术工作者，积极参与湖南美术的各项工作。1956 年，在湖南省文联委员扩大会议上补选为省文联委员；1958 年，在湖南省第一届美术家代表大会上，张一尊当选为美协主席；1962 年，当选中国美术家协会湖南分会主席。他回湘后，多次组织写生活动，带领湖南美术工作者创作了许多反映新中国时代风貌和湖南地域特色的重要作品，如张一尊《冒雨抢耕》、陈白一《朝鲜少年崔莹会见罗盛教双亲》、陈子云《带路》、黄肇昌《放木排》、段千湖《韶山图意》、郑小娟《湖上新兵》等；省美协积极举办年度湖南省美术作品展览会，向全省人民汇报和展示美术成果，如举办“湖南省首届青年美展”“湖南省首届美术作品展览会”“湖南省第二届美术作品展览会”“庆祝建党四十周年 湖南美术作品展览”“湖南省纪念毛泽东同志《在延安文艺座谈会上的讲

张一尊 《苗地风光胜桂林》 1955 年

张一尊 《河畔奇峰》 1955 年

张一尊 《洞庭秋色》 1962 年

话》发表二十周年美术作品展”“1961 年湖南省美术作品展览”“1963 年湖南省美术作品展览”等；他努力推动湖南美术体制建构的完善，如在 1962 年湖南省文学艺术工作者第三次代表大会的发言中，倡议成立“湖南画院”，以便更好地集中培养创作人才，提升创作质量；他大力做好群众美术普及工作，开展美术讲座，参与编辑出版《毛笔画册》。可以说，在 1949 年后湖南美术事业的起步阶段，张一尊是主要的组织者和领导者。他如同定海神针，对狠抓美术创作、凝聚美术力量起到了重要作用，也为日后湖南美术新局面的开创打下坚实基础。

在艺术创作方面，张一尊的主要创作集中在山水画和动物画，兼修人物画。中华人民共和国成立后，文艺政策与方向发生巨大变化，美术界形成了在创作思想上坚持毛泽东“文艺为人民服务”的观念，在创作内容上表现劳动人民生活，在创作方法上采用以写生为主的现实主义手法的创作导向。张一尊紧紧跟随党的方针政策，在山水画创作上，坚持实景写生，深入湖南湘西、江华林区、洞庭湖畔、韶山灌区、南岳胜地、岳阳、零陵、醴陵、毛田等地体验生活，作品《河畔奇峰》《江华放木》《韶峰耸翠》《洞庭秋色》《芙蓉国里尽朝晖》等生动记录了湖南这片土地的壮丽与豪情。他创作的《冒雨抢耕》入选“第二届全国国画展览会”，被故宫博物院收藏，并刊登于《美术》1956 年 9 月号。1963 年，由美协湖南分会主办的“张一尊书画展览”在中苏友好馆举办。这是 1949 年后湖南举办的首个个人画展，其意义和影响自不待言。

画马依旧是张一尊的“金字招牌”。这一时期，张一尊对马的体型结构烂熟于心。1953 年的内蒙古考察之行，使其更通马的习性感情，笔墨更为熟稔老练，加之对素描手法的研究，他开始借助明暗关系描绘不同形态中马的神情，使得马的形象更为立体和饱满。其现存当年的墨笔速写，造型之精准，笔墨之流畅，让人赞叹不已。他曾题诗云：“忆昔呼伦贝尔游，万千马群眼中收，草堂不惯抄成稿，随意挥毫到白头。”并有“草原万马是吾师”的闲章。他已对独马、双骏、三骏图等题材驾轻就熟，并开拓了“万马奔腾”题材。如果说单独刻画马的形象，再现的是动物的栩栩如生，那么“万马奔腾”则营造的是金戈铁马的壮志与豪情万丈的气势，这也成为 1949 年后张一尊画马的代表主题。或许“万马奔腾”的含义还如陈白一所言：“张一尊画的《万马奔腾》，实际上是表现共产党领导‘万马’奔腾的那个气势，那也是很有思想的。”[47] 与此同时，他也涉猎其他动物画，如《牧牛图》《牧羊图》《饲鸡图》《骆驼图》等，这类作品真实生动，极富生机。早在 1954 年由湖南省人民政府文化事业管理局与湖南省文学艺术工作者联合会主办

张一尊“文革”时期所作手稿

的“第一届国画展览会”中，张一尊入选的作品《生长》即描绘了小鸡觅食的场景，生活气息浓郁，深受观众喜爱。

为了更好地表现劳动人民的生活，张一尊开始学习人物画。他在1954年撰写的《写生的几点体会》一文中曾为自己不能大量地、准确地描绘人物形象，不能很好地描绘苗族人民的生活感到遗憾。[48]之后，他便开始学习素描、速写，并大量运用在人物写生中。这类作品虽然数量不多，常见于手稿，却是张一尊在新的艺术人生里仍然努力进取、孜孜以求的见证。

1949年至1966年的十七年，是张一尊艺术事业的黄金期。从1968年开始，张一尊一家四口分居四地，留他一人在长沙自理生活。他仍不忘创作自娱自慰，以此度日。1970年寒冬，学生徐克勤来长沙看望老师，两人相偎炉火旁，张一尊泛起难得的笑容。徐克勤回忆道：“临走时，老师送我到院墙门边，十分慎重、再三叮嘱我：‘一定要好好地活下去！’‘这些没什么，不当回事，以后的路还长哩！’他用掠过的一丝苦笑来抚慰学生心中的伤痛。”[49]1973年3月28日，张一尊因患“周围型肺癌”辞世，享年72岁。直到生命的最后，他最牵挂的还是手中的笔。

张一尊去世后，并没有被遗忘。1980年，由湖南省文化局、省文联举办的“湖南已故画家作品展览”展出张一尊等12位已故画家的遗作；《民族画报》1981年第6期刊登《随意挥毫到白头——张一尊作品选登》专题，介绍张一尊的艺术人生；1982年，《张一尊画辑》由湖南美术出版社出版；1991年，由其弟子张雁碧主持修建、由黄永玉题字的“一尊亭”在湘西德夯土家苗寨落成，只为纪念老师在此写生的足迹；2002年，由张二牧、文敏合著的《张一尊》出版；2015年，张一尊遗属荣获中共中央等颁发的“中国人民抗日战争胜利70周年纪念章”。2023年恰逢张一尊逝世五十周年，由湖南省文联主办的“湖南著名美术家推介工程·张一尊艺术展”在湖南美术馆举办，以此怀念他历经时代沧桑、充满苦难与荣光的艺术生命，以及为湖南美术事业所做出的突出贡献。

1929年，当时的张铁军请好友向恺然为其更名，向恺然想到眼下大地萧条，国无宁日，当道之人皆为刀枪，而热爱文艺之人多被无视，望铁军自尊，亦得人敬重，故起名一尊，从此铁军不复，一尊长存。如今，当我们回望张一尊的生平与艺术时，我们可以说，他一生堂正，无愧好友所愿。

注释：

[1] 张二牧、文敏：《张一尊》，青海人民出版社，2002 年，第 5 页。

[2] 同上，第 12 页。

[3] 王晴川（1896—？），字渔村，湖南沅陵人。毕业于上海美术专科学校，曾任湘西第八联合中学教员，湖南省立一中、衡粹女校、第一职校艺术专科国画教师，北京中国画研究院画家等职。参见马建成编著《湖南美术家汇传 1840—1949》，湖南美术出版社，2017 年，第 29 页。

[4] 同上，第 13 页。

[5] 参考《湖南私立华中美术学校时期教职员一览表（1928 年 8 月—1931 年 7 月）》，载湖南省档案馆、华中高艺校友会编《湖南华中高艺建校八十周年纪念集》，第 59 页。

[6] 张称达（1866—1939），字季旷，号二谷老人，湖南永绥厅城（今属吉首）人，清末进士、书画家。张称达工诗文，善书画，字体苍劲，别具一格。晚年仰慕唐代李昌谷和宋代黄山谷，遂自号“二谷老人”，并汇集平日诗文成册，定名《二谷老人诗文集》。

[7] “六一惨案”：1923 年 6 月 1 日，湖南外交后援会调查员在长沙湘江码头检查日货，遭到日本水兵的殴打，引起群众义愤，聚集码头达千余人。当时，停泊湘江的日舰水兵也赶来开枪行凶，打死二人，打伤数十人。

[8] 张二牧、文敏：《张一尊》，青海人民出版社，2002 年，第 36 页。

[9] 同上，第 37 页。

[10] 同上，第 57 页。

[11] 刘寄踪（1898—1987），字跃祖，号半亩园丁，湖南汉寿人。毕业于国立北平艺术专科学校，师从陈师曾、姚茫父、王梦白，曾任湖南私立华中高级艺术职业学校国画教员、湖南省立第一师范学校美术教师、湖南省美术家协会首届理事、湖南省文史研究馆馆员，出版有《刘寄踪画辑》。参见马建成编著《湖南美术家汇传 1840—1949》，湖南美术出版社，2017 年，第 30 页。

[12] 周磊村（1910—？），又名周家钰，湖南长沙人。毕业于上海美术专科学校高等师范科，曾任湖南私立华中高级艺术学校校长。参见马建成编著《湖南美术家汇传 1840—1949》，湖南美术出版社，2017 年，第 43 页。

[13] 黄铁庵（1902—1978），又名铁厂，号铁华庵主，湖南长沙人。现代著名篆刻家，著有《湖南印人小传》一卷、《铁华庵印存》二卷、《黄铁庵印集》四卷、《海内金石论文手札》四卷、《华年回忆录》若干卷。

[14] 向恺然（1889—1957），笔名平江不肖生。祖籍平江，生于湘潭。我国近代武侠小说家，曾留学日本，我国著名革命家、武术理论家、教育家、湖南省文史馆员。

[15] 田星六（1872—1958），号晚秋居士，湖南凤凰沱江镇人。近代南社爱国诗人，曾留学日本，后任湖南凤凰县人民政府委员，湖南省文史馆馆员，著有《晚秋堂诗集》八卷本。

[16] 何薰（1887—1950），湖南江永人。毕业于湖南省立第三师范、上海美术专科学校高等师范部；曾任湖南私立华中高级艺术职业学校校长、湖南省立第一师范教师等职。参见马建成编著《湖南美术家汇传 1840—1949》，湖南美术出版社，2017 年，第 20 页。

[17] 张柏年（生卒年不详），湖南长沙人。毕业于上海美术专科学校西洋画系，曾任湖南私立华中高级艺术职业学校水彩教师。参见马建成编著《湖南美术家汇传 1840—1949》，湖南美术出版社，2017 年，第 31 页。

[18] 粟谷青（1861—1936），名掞，号歌凤，又号灵骞，湖南长沙人。1891 年中举人，官至度支部主事。擅画牡丹。参见马建成编著《湖南美术家汇传 1840—1949》，湖南美术出版社，2017 年，第 2 页。

[19] 王季范（1883—1972），原名邦模，湖南湘乡人。毕业于长沙优级师范学校，曾创办长沙衡粹女子职业学校，曾任湖南省立第一师范教员、长郡中学校长、湖南广益中学校长、政务院参事室参事等职。参见马建成编著《湖南美术家汇传 1840—1949》，湖南美术出版社，2017 年，第 15 页。

[20] 毛凤祥（1893—1947），字宾阳，号旭东馆主，湖南衡阳人。毕业于上海美术专科学校，曾任长沙市各中学及湖南私立华中高级艺术职业学校国画教员，曾创刊《湘江晚报》，任社长，出版有《旭东馆印谱》。参见马建成编著《湖南美术家汇传 1840—1949》，湖南美术出版社，2017 年，第 22 页。

[21] 李玄九（1890—1966），号玉荷花馆主人，湖南衡阳人。少时师从蒋铨衡，后肄业于上海美术专科学校。曾任衡阳市成章中学美术教员、衡阳国术馆馆长、南强中学校长等职，出版有《玉荷花馆画集》。参见马建成编著《湖南美术家汇传 1840—1949》，湖南美术出版社，2017 年，第 21 页。

[22] 吴惠（1899—1953），号龙邱，湖南醴陵人。曾参加中华民国第一届全国美术展览。参见马建成编著《湖南美术家汇传 1840—1949》，湖南美术出版社，2017 年，第 30 页。

[23] 黄遐举（1904—1978），湖南浏阳人。毕业于上海美术专科学校高等师范科图工系，曾任湖南私立华中高级艺术职业学校代理校长、湖南各中学图画教师等职。参见马建成编著《湖南美术家汇传1840—1949》，湖南美术出版社，2017年，第36页。

[24] 陈国钊（1912—1995），字遂生，湖南长沙人。先后毕业于湖南私立华中高级艺术职业学校、上海艺术专科学校；20世纪30年代，参与组织“朔风艺社”“湖南抗敌画会”。曾担任湖南私立华中高级艺术职业学校教务主任、湖北省博物馆馆长、中国美术家协会湖北分会副主席等职。

[25] 雷恪（1881—1962），字恭甫，湖南长沙人，与其兄雷恺、其弟雷悦并称“湘史三杰”，曾任湖南私立华中高级艺术职业学校国画教员，新中国成立后任湖南省文物管理委员会委员。参见马建成编著《湖南美术家汇传1840—1949》，湖南美术出版社，2017年，第14页。

[26] 雷悦（1882—1933），字怡甫、彝甫，号壶公、铁耕山人，湖南长沙人。与其兄雷恺、雷恪并称“湘史三杰”。出版有《铁耕斋印谱》。参见同上。

[27] 魏志杰（1902—？），湖南平江人。毕业于上海美术专科学校高等师范科图工系，曾任湖南私立华中高级艺术职业学校董事、湖南省立一中透视教员等职。参见马建成编著《湖南美术家汇传1840—1949》，湖南美术出版社，2017年，第34页。

[28] 翟翊（1908—1981），字文辉，安徽泾县人。先后毕业于湖南私立华中高级艺术职业学校西画系、上海美术专科学校。曾任安徽集云美术学校美术教员、湖南私立华中高级艺术职业学校教员、湖南省立一中艺术示范科教师、邵阳木偶剧团与湖南省木偶皮影艺术剧团艺术指导等职。参见马建成编著《湖南美术家汇传1840—1949》，湖南美术出版社，2017年，第40页。

[29] 华中美校即指湖南私立华中高级艺术职业学校，此校成立于1923年，是民国时期湖南最重要的艺术人才培养学校。参见湖南省档案馆、华中高艺校友会编《湖南华中高艺建校八十周年纪念集》。

[30] 张二牧、文敏：《张一尊》，青海人民出版社，2002年，第57页。

[31] 马建成编著《口述湖南美术史1949—2009》，湖南美术出版社，2013年，第10页。

[32] 此文载于1933年下期《华中期刊》第12页。参见湖南省档案馆、华中高艺校友会编《湖南华中高艺建校八十周年纪念集》，第104页。

[33] 《北洋画报》，1934年3月10日第2版。

[34] 张二牧、文敏：《张一尊》，青海人民出版社，2002年，第57页。

[35] 参考《湖南私立华中美术学校时期教职员一览表（1933年2月—1934年3月）》，载湖南省档案馆、华中高艺校友会编《湖南华中高艺建校八十周年纪念集》，第65页。

[36] 张二牧、文敏：《张一尊》，青海人民出版社，2002年，第65页。

[37] 同上，第66页。

[38] 同上，第68页。

[39] 同上，第69页。

[40] 同上，第71页。

[41] 同上，第72页。

[42] 陈扬汉：《黄埔画星——张一尊》，《湖南黄埔》1988年第2期。

[43] 张二牧、文敏：《张一尊》，青海人民出版社，2002年，第77页。

[44] 李健吾：《湖南张一尊先生》，上海《大公报》1946年9月16日第5版。

[45] 章士钊：《张一尊画马》，上海《大公报》1946年9月15日第2版。

[46] 熊佛西：《读张一尊先生的画》，上海《大公报》1946年9月16日，第5版。

[47] 马建成编著《口述湖南美术史1949—2009》，湖南美术出版社，2013年，第69页。

[48] 张一尊：《写生的几点体会》，《新湖南报》1954年9月25日第3版。

[49] 徐克勤：《风鬃长啸——怀念画家张一尊》，《湖南书画》2000年创刊号。

公元
1961年
公元
1962年

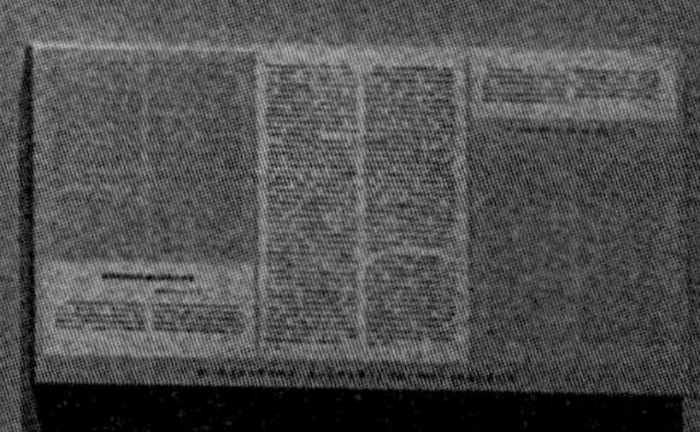

“湖南著名美术家推介工程·张一尊艺术展”现场

『才识功名在砚田』

太虚樵者张一尊先生要以画家的身份和世人见面了，实在是一个天大的喜讯。他要改行，他有道理，我为他道喜。他是一位少将阶级的军官，带了多年兵，如今胜利了，忽然没有意思再在军队里混了，在枪杆第一的今日，他有的是万里前程，然而什么东西让他觉得假如一个人在生命之外还有生命的话，他必须回到他的真正的职业——所谓艺术者是。

——李健吾《湖南张一尊先生》

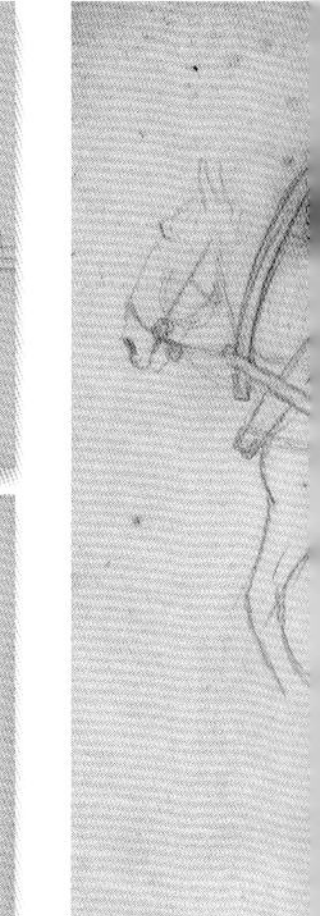

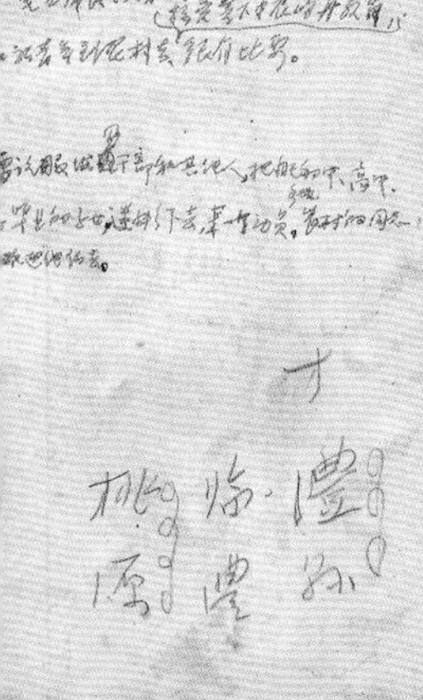

张一尊手稿

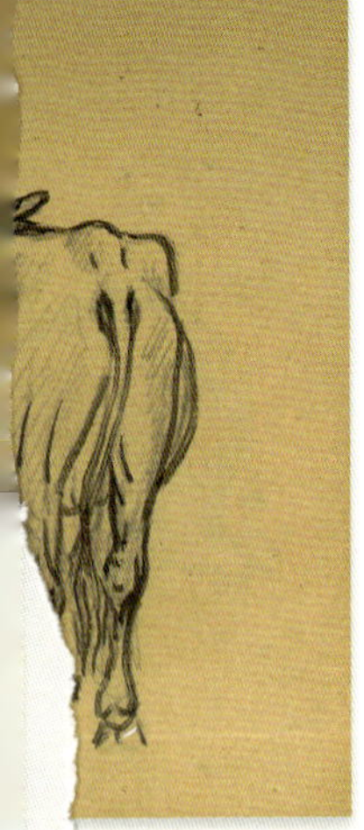

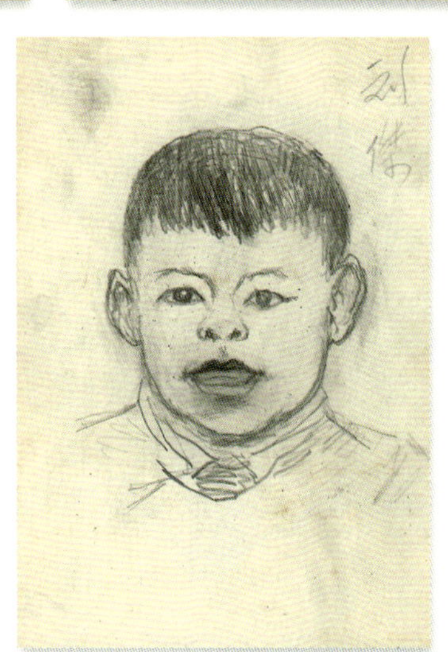

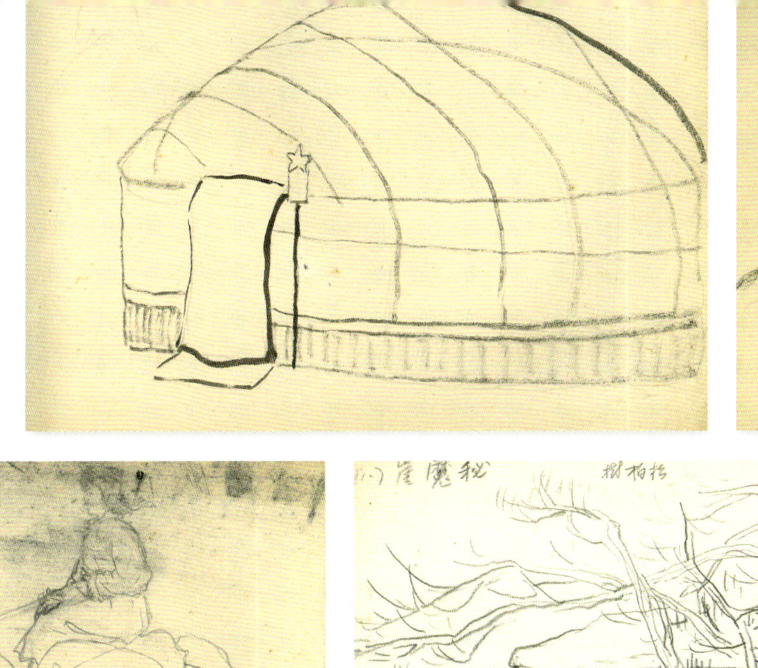

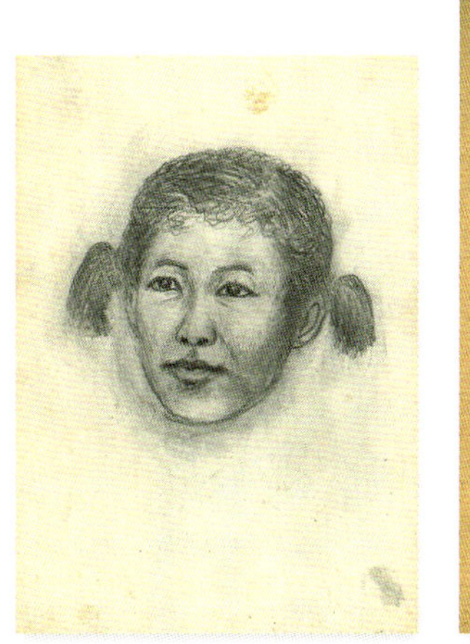

张一尊艺术年表

1902 年　2月14日(农历壬寅正月初七),张一尊生于湖南省湘西乾城太平乡司马溪坪里河村(今吉首市太平镇司马村)坪里河寨。其祖父张学启是清末秀才，以教书为业；父亲张成谋务农谋生；母亲姚氏。张一尊按辈分取名耀定，乳名老三，土家族人。

1908—1922 年　1908 年，入私塾，学习《三字经》《百家姓》《论语》等传统经典。

1911 年，转入乾州公立模范小学，寄居外婆家。

1915 年，寄居同学曹文卿家，寒暑假回坪里河村剪衣绣鞋花样，补贴家用。

1918 年，考入湘西第八联合中学，受美术老师王晴川指点，临摹赵子昂、钱南园作品和《芥子园画谱》。

1922 年，中学毕业后因家庭经济困难，报考美术学校未果。

1923—1927 年　1923 年，考入武卫军学兵营(属湘军贺耀祖部所办)，入伍受训。改名铁军，字也军。业余时间研习字画。

1924 年，在学兵营毕业，留营做下级军官。

1926 年，参加北伐战争，其间随湘军编入国民革命军，历任湖南独立第二师上尉连长、副官、副营长。是年，与吴华君在九江结婚。

1927 年，随北伐军转战武汉、九江、南京等地。

湘西乾城太平乡司马溪坪里河村(今吉首市太平镇司马村)

旧时沅陵全景图

张一尊青年时期留影

1929 年　3 月，回湘，任长沙警备司令部上尉参谋。
5 月，调四路军总部任少校副官，仍驻防长沙。

1932 年　7 月 1 日，曼君文章《张也军画马记——介绍一位天才的画家》刊载于《湖南国民日报》。
是年，与画家刘寄踪、周磊村、雷恭甫等发起组织“潇湘书画社”，由粟谷青任社长，王季范任名誉社长，成员有周磊村、张一尊、雷恭甫、张柏年、沈章含（女）、李裕辉（女）、陈国钊、黄遐举、魏志杰、曾省斋等，社址设在长沙市兴汉门的衡粹女校内。
是年，出差庐山，创作多幅山水画作品。
是年，与金石家黄铁庵，通俗小说家向恺然，南社诗人田星六、田个石等交往密切。

1933 年　1 月，参加潇湘书画社在衡粹女校举办的“第一届书画展览会”。
2 月，兼任湖南私立华中美术学校军训主任、美术教师。
11 月，参加潇湘书画社在省教育会中山厅举办的“第二届书画展览会”。
是年，历任四路军总部中校主任、上校科长等职。

湖南省艺术学校之印

校史篇　【华中高艺建校八十周年纪念集】

凌敏琴	女	30	平江	上海美术专科学校毕业	图案、西洋画教员	1933年2月—1934年
杨纯伯	男	25	长沙	湖南大学毕业	英文教员	1933年2月—1934年
李仲融	男	28	长沙	湖南大学毕业	国文教员	1933年2月—1934年
萧宗炎	男	31	蓝山	国立师范大学毕业	教育心理学教员	1933年2月—1934年
刘卧蕉	男	26	武冈	上海新华艺术大学毕业，现任日新及模范教员	音乐教员	1933年2月—1934年
唐先芹	男	30			博物教员	1933年2月—1934年
谭涤青	男	30	长沙	上海华东体育专科学校毕业，现任省第一家农校教员	体育教员	1931年8月—1933年
唐本含（义智）	男	32		上海美专毕业	西洋画教员	1933年2月—1934年
陈周善	男	30		中央军校毕业	军训教员	1933年2月—1934年
杨　威	男				军训教员	1933年2月—1934年
朱克伦	男		桃源		体育课余指导	1933年2月—1934年
雷东海	男	35	长沙	长沙市公安局检定合格	校医	1932年2月—1934年
周涞华	男	30	永明	上海美术专科学校毕业曾任南京三民中学教员	语文教员	1933年2月
王任远	男	31	宁乡	上海新华艺术大学毕业现兼任日新中学教员	艺术教育	1933年2月—11月
熊淑文	女	26	长沙		艺术教育	1933年2月—11月
张一尊	男	32	乾城	中央军校毕业	军训主任	1933年2月—11月

湖南私立华中美术学校时期教职员一览表
1933 年 2 月—1934 年 3 月

“长沙‘潇湘书画社’公展会场所在之中山厅”
《北洋画报》1934 年 3 月 10 日第 2 版

“长沙‘潇湘书画社’第二届公开展览作品之一斑”
《北洋画报》1934 年 3 月 10 日第 2 版

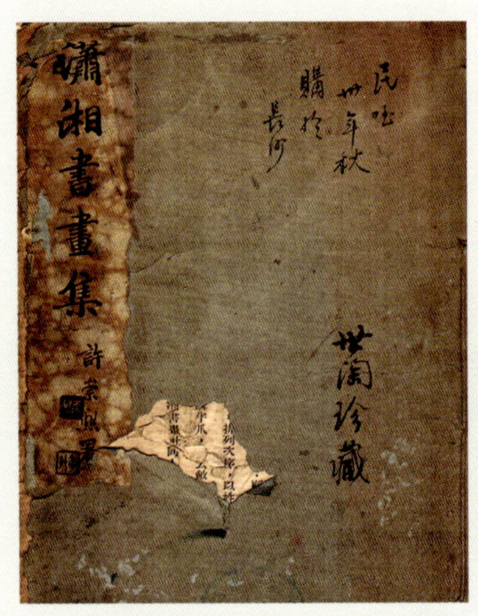
瀟湘書畫集

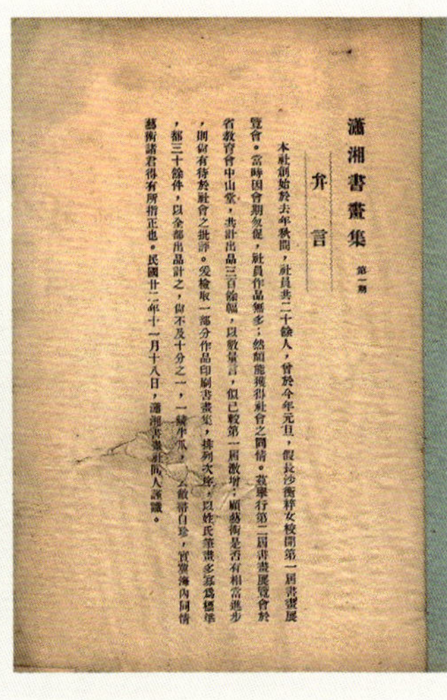
瀟湘書畫集 第一期

弁言

本社創始於去年秋間，社員共二十餘人，曾於今年元旦，假長沙衡粹女校開第一屆書畫展覽會。當時因會期匆促，社員作品無多；然頗能獲得社會之同情。茲舉行第二屆書畫展覽會於省教育會中山堂，共計出品三百餘幅，以數量言，似已較第一屆激增；顧藝術是否有相當進步，則尚有待於社會之批評。爰檢取一部分作品印刷書畫集，排列次序，以姓氏筆畫多寡為標準，都三十餘件，以全部出品計之，尚不及十分之一，一臠半爪，敢帚自珍，實冀海內同情藝術諸君得有所指正也。民國廿二年十一月十八日，瀟湘書畫社同人謹識。

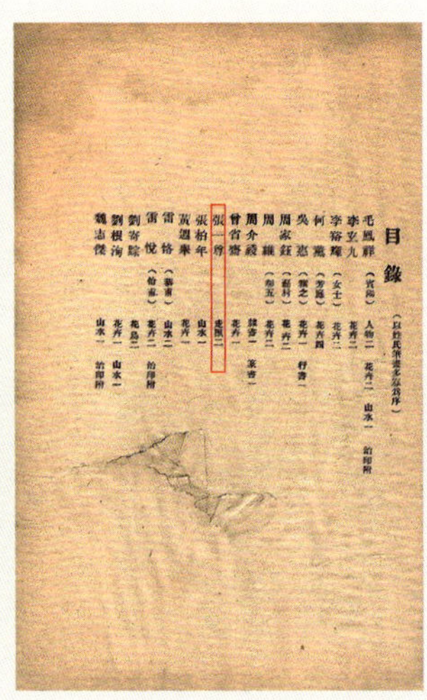
目錄（以姓氏筆畫多寡為序）

| 《潇湘书画集》封面、弁言、目录 1934 年

（左图）张一尊《八骏图》

（右图）张一尊《马》

1934 年　12 月，因四路军总部改组离职，以鬻画为业。

1935 年　1 月，客居长沙，作品由坡子街的师古斋和文英阁两家纸庄代售。
10 月，在南京举办个人首次画展。通讯《湘西马客张一尊先生画展记》刊载于上海《时代日报》。

1937 年　6 月，在衡阳民众教育馆举办画展。
7 月，因卢沟桥事变，应召入伍投身抗日，任保安暂编团团长，率部驻防湘西乾城，平定匪乱。

1938 年　1 月，所在部队改编为保安六旅十一团，率团开赴芷江。
2 月，调驻沅陵。
6 月，奉命兼任沅陵防空少将副司令。
是年，与人合资在沅陵伍家坪建“尊庐”，并自书门联：“多留余地铺明月，不筑高墙碍远山。”

1939—1943 年　1939 年，率部赴前线抗击日寇，驻防江西铜鼓。
1940 年，驻防湖南澧州（今澧县），湖北松滋、宜都等地。
1941 年，赴成都中央陆军军官学校第八期高教班受训。
1942 年，在成都举办个展，作品售罄。后谢绝出任少将参谋长，并辞去部队团长职务，返回湖南沅陵，专心绘画。
1943 年 ，在沅陵举办画展，展出《千骑破敌图》等精作。

1944 年　4 月，在衡阳举办画展。
5 月，在广西桂林、柳州举办画展，展出《万里奔马图》长卷等作品。
6 月，在贵阳举办画展。

1945 年　1 月 29 日，与第二任妻子吴佩君在沅陵完婚。
7 月，在常德举办画展。
8 月，客居常德津市城隍庙小学，收王超尘为弟子。
11 月，客居重庆，出任中央抚恤委员会少将视察，与武昌艺术专科学校校长张肇铭交往密切。

沅陵“尊庐”实景图
2023年10月摄

1946 年　3 月，在重庆中苏友好馆举办画展。

6 月，客居上海，创作《百骏图》。题诗《昂首立马图》：“驰骋中原二十年，归来慷慨着鞭先。风流文采输曹霸，才识功名在砚田。”

9 月，在上海“军之友社”举办画展。章士钊文章《张一尊画马》刊载于上海《大公报》15 日第 2 版。李健吾文章《湖南张一尊先生》、熊佛西文章《读张一尊先生的画》刊载于上海《大公报》16 日第 5 版。作品《奔马》刊登于《申报》15 日第 3 张。

1947 年　4 月，在杭州举办画展。浙江《东南日报》《浙江商报》等报刊载许廑父、陶广等评介文章。

11 月，在武汉举办画展。“张一尊先生画展特辑”刊登于 22 日《武汉日报》。

是年，张一尊生平传略收录于《美术年鉴》。

1948 年　1 月，介绍酆裕恭和李孟仙加入潇湘书画社。

3 月，在长沙银行工会举办画展。

4 月，陈竹隐文章《一尊老师个案杂写》刊载于《湖南日报》。

5 月，参加中华全国美术会湘分会成立大会，当选理事。

9 月，在桂林举办第二次画展，并创作多幅桂林山水写生画作。

10 月，牟尼文章《画家张一尊“马”及“山水”之评介》刊载于《桂林中央日报》。

11 月，在柳州举办画展，因岳母逝世，回沅陵奔丧。

12 月，浮云文章《看“马杰”画展后》刊载于《柳州日报》。

1949 年　1—9 月，因沅陵“三二事变”，回到老家司马溪坪里河村为小孩上课。

10 月，积极配合解放军代表全浩然做统战工作，为乾州解放做出贡献。

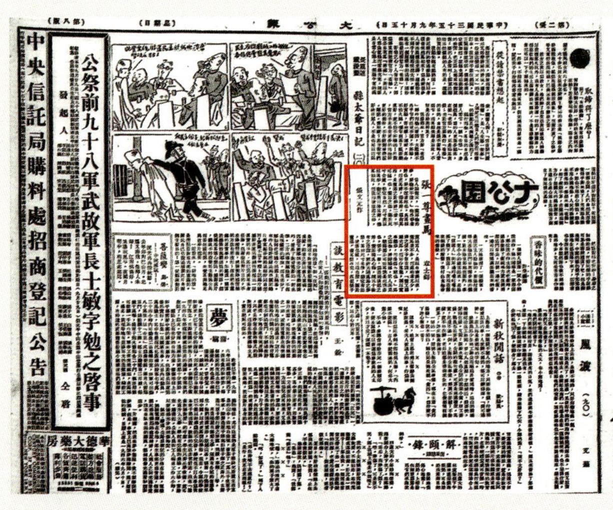

章士钊《张一尊画马》
上海《大公报》1946 年 9 月 15 日第 2 版

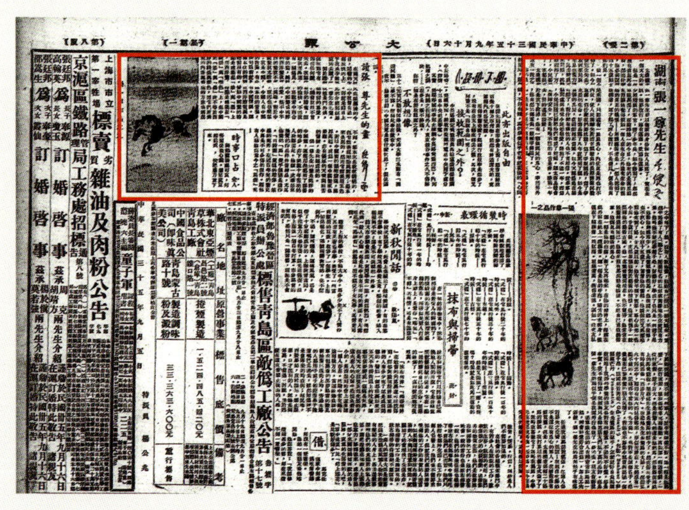

李健吾《湖南张一尊先生》、熊佛西《读张一尊先生的画》
上海《大公报》1946 年 9 月 16 日第 5 版

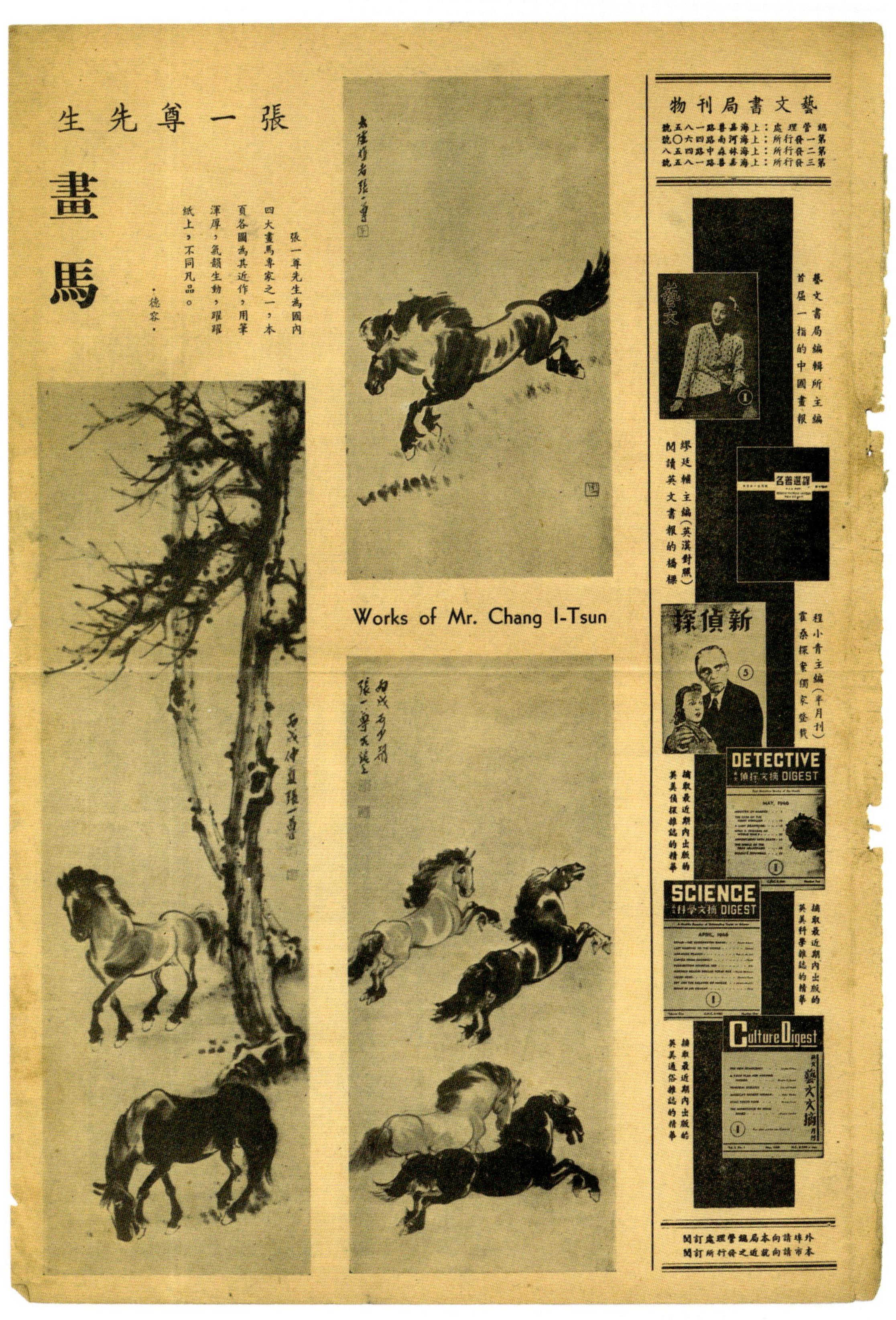

張一尊先生
畫馬

張一尊先生為國內四大畫馬專家之一，本頁各圖為其近作，用筆渾厚，氣韻生動，躍躍紙上，不同凡品。

·德容·

Works of Mr. Chang I-Tsun

"张一尊先生画马"专题
上海《环球画报》1946年10月

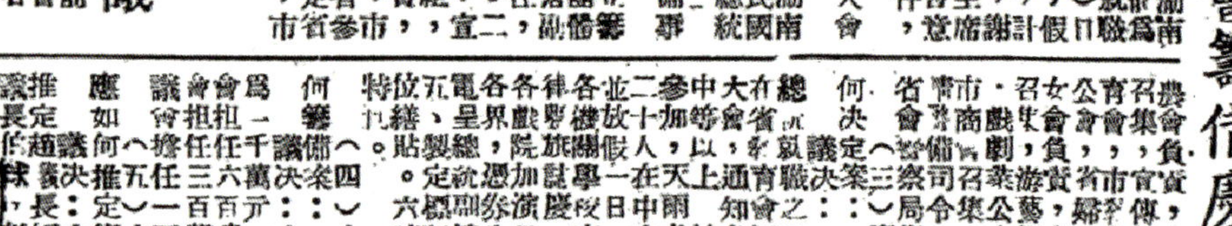

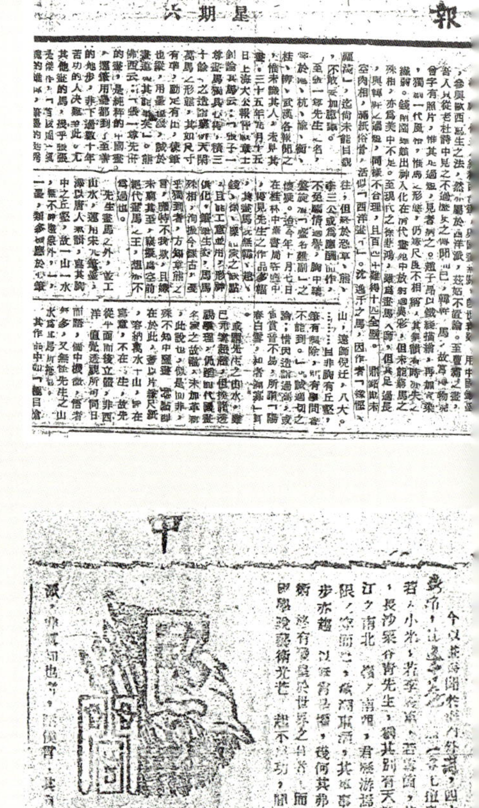

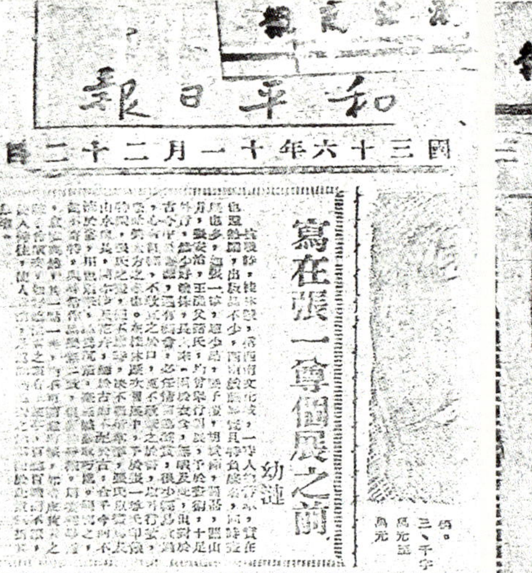

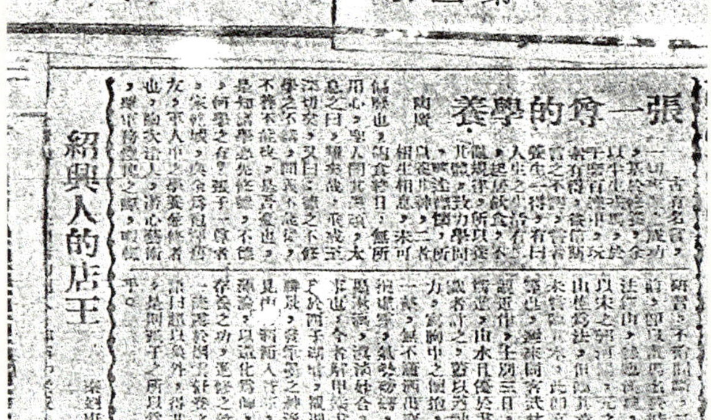

1. 中华全国美术会湘分会成立
沅陵《力报》1948 年 5 月 3 日第 1 版

2. 牟尼《画家张一尊"马"及"山水"之评介》
《桂林中央日报》1948 年 10 月

3. 幼涟《写在张一尊个展之前》
《和平日报》1947 年 11 月 22 日

4. 陶广《张一尊的学养》
《浙江商报》1947 年 4 月

5. 田个石《张一尊先生画展题语》
上海《申报》

6. 浮云《看"马杰"画展后》
《柳州日报》1948 年 12 月

7.《介绍画家张一尊》
浙江《东南日报》1947 年 3 月 8 日

看「馬傑」畫展後

速寫

浮雲

張一尊先生國畫，今天也在柳州啓蔡局正式展覽三天，昨日先行預展，記者前往參觀，覺得猶如展出之畫倘在眼前，誠有不可不貿之概。國畫在今天，

還談不上「大衆化」因而國畫家心血傑作的展覽，是應該推荐和闡揚的，但是張一尊先生此次在柳州國畫的展出，我們的特寫幷不是干上述的說法，而的的確確是我

們從張氏的作品裏到得許多寶貴的藝術理論及高尚的藝術陶冶。在張氏的國畫中，以「山水」及「馬畫」爲最多，可以說幅幅生動，張張精彩，此外「

荷花」，「松樹」畫，也插見于其中、有一幅「破荷」畫上題「鬧市無人拾破荷，我家筆下生風波」，看來好似豆、郎面，却比豆郎美「龍多」等語，更得好畫好詩之妙，其

餘「駿回顧」一畫，張氏以寫意描出欲大便的瘦馬，輪廓正確，落筆奔放，亦是他精美的地方，也是他修養到家，別創藝術新格的表現。

張氏在羅池藝苑歡迎會中，更談及中國畫究應走向那一條路，在這裏雖不能斷然下結論，張氏的結論以爲要革新，但也要保留國粹，捨本求末一味去仿學西洋畫絕不該是辦法才是正確的說法是的從他展出的國畫中，就有中西畫精華的所在，「筆墨神形」也保有中國畫的特點和價值，在藝壇上張氏實在是夠夠有名的畫家也，

浙江東南日報 卅六年三月八日登出

介紹畫家張一尊

（本報特寫）在今天的藝壇上，以畫馬聞名於海內外的有四大家：就是[illegible]畫馬「四傑」。四傑之一的張一尊先生，在本年一月由上海來到杭州，準備在本月二十日前後舉行個人畫展。到那時，對張先生作品仰慕已久的各界人士，當可以一飽眼福。

張先生原籍湖南乾城，從六歲起就喜歡畫馬；馬的形象在他幼年的意境已埋下了根。當時並沒有人教他，他也沒有進過什麼藝術學校，完是靠着自己的毅力，摸出一條大路。二十歲以後，他投入軍營，過了十年的戎馬生活，曾經做過少將階的軍官。在沿車之際，他仍是未丟筆，在桂林、五溪、衡陽、[illegible]等地開過畫展，認識了大後方的[illegible]。勝利以來，生活加緊了他對藝術的憧憬，他放下了槍桿，重新回到藝術的樂園。現在他完全是以畫家的身份來和人們相見了。

張一尊近影

一件偉大藝術品的成就，必然是藝術家生命的結晶品。張先生在今天能夠踏上畫馬四傑的寶座，在藝術園地上灌注了幾十年心血所開放的花朵。一個偉大的藝術家，在一班人的眼光中，必然是一個出奇的怪子。據說張先生在畫馬的時節，常常一似人依着馬的各種姿勢，高興起來，還會作馬嘶。他的朋友們給他取了一個綽號，稱他爲「馬客」。這並不是說他是一個馬瘋子，而是說明他對畫馬態度的認真和工夫的精到，[illegible]好像陶冷月畫月有獨到之處所以人們給他取了這個名字一樣。我們不難想像得到張先生是怎樣把自己的[illegible]一條[illegible]全心貫注[illegible]了。

在今天，誰都知道張一尊是一個畫馬專家，但我們對他能有一個完整的概念；他的畫馬究竟好到什麼程度？特色在什麼地方？一班人並沒有得到徹底了解的機會。在我們的社會裏，確實有着不少人云亦云，跟班叫好的欣賞家，而缺少實地研究虛心觀察的批評家。在這裏，記者把國內某些權威批評家對張一尊畫馬的意見介紹給讀者：

張一尊的馬純用古[illegible]法寫出他藝術的性靈，所以他所畫的馬，[illegible]這是可貴的第一點。

[illegible]作畫[illegible]又不像[illegible]之中，表現出它的神驗[illegible]年的氣概。張一尊從事[illegible]在馬群之中，他同馬生活，[illegible]求了他朋友。所以是他筆下的馬，在[illegible]萬匹中畫出千萬種不同的意態。這是可貴的第二點。

一班藝術家畫人物走獸時，爲了工整形肖起見，沒有不是一稿、再稿、三稿、四稿，然後落紙作畫的。獨有張一尊畫馬，是運用腹稿，當案揮[illegible]，頃刻成畫。他常常先畫馬尾，次畫馬身，再畫馬頭，能夠不做筆墨的奴役而出神入化地運用筆墨，開創古人創藝的先例。這是可貴的第三點。

國畫在神不在形。張一尊畫馬先求工細，再求大寫，工夫精深，下筆輕重、短長、濃淡，手上自成尺寸，不論是俯仰、奔騰、嘶臥各態，沒有不是神形兩精的。這是可貴的第四點。

張先生以畫馬出名，但國內某些藝術家卻認爲他更長於山水，他自己也對記者說：「我現在對於山水比畫馬更感到有心得」這也是他在生活磨爐裏實地鍛鍊出來的，因爲在八年戰火中，他隨軍走遍了大江南北的名山大川，已默收了山涯水痕的每一個意境。在他那創造藝術的腦海中，早已[illegible]了大自然的畫面了。

我必須再向讀者勾幾筆張先生的[illegible]。他是一個濃眉大眼的湖南老鄉，壯健的身子，堅毅的眸子，風[illegible]的臉蛋，不是人們想像中藝術家[illegible]，也不是[illegible]人們想像中[illegible] [illegible]

張氏作品之一

周玉輝

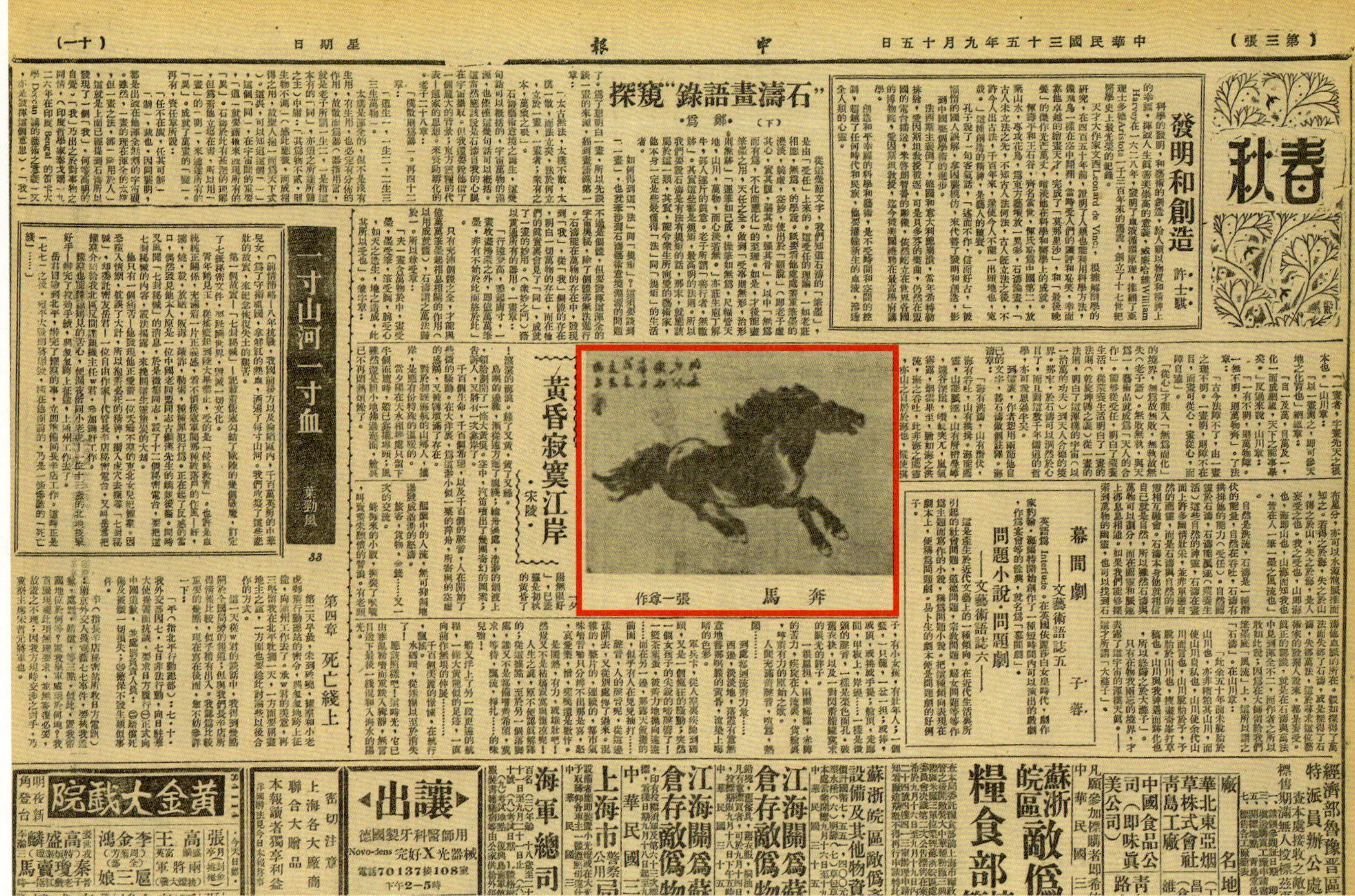

中華民國三十五年九月十五日 申報 星期日 （第三張）（十一）

春秋

發明和創造 許士騏

石濤畫語錄"窺"探（下） 鄭為

奔馬 張一尊作

黄昏寂寞江岸 宋陵

幕間劇——文藝術語誌五 子蕃

問題小說·問題劇——文藝術語誌六

一寸山河一寸血 葉勁風

第四章 死亡綫上

黃金大戲院

讓出

海軍總司令部

上海市警察局

江海關為蘇浙皖區敵偽倉存敵偽物資

蘇浙皖區敵偽糧食部

（左图）张一尊《奔马》

《申报》1946年9月15日第3张

（右图）张一尊先生画展特辑

《武汉日报》1947年11月22日

武漢日報　中華民國三十六年十一月二十二日（星期六）

張一尊將軍畫馬

將軍得名三十載　人間又見真乘黃——杜甫

王霞宙

從畫馬識將軍

——介紹名畫家張一尊先生

湯英

張一尊先生畫展特輯

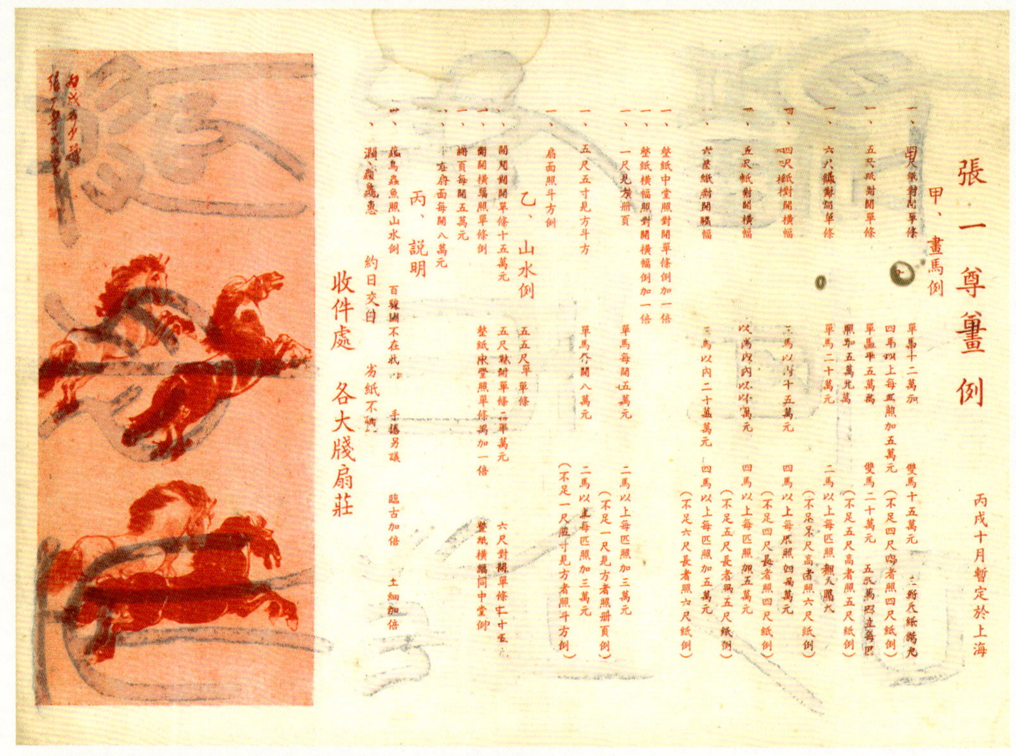

張一尊畫例

丙戌十月暫定於上海

甲、畫馬例

一、四尺紙對開單條　單馬十二萬元　雙馬十五萬元　三馬[illegible]　四馬以上每匹照加五萬元（不足四尺者照四尺紙例）

一、五尺紙對開單條　單馬十五萬元　雙馬二十萬元　五馬以上每匹[illegible]（不足五尺高者照五尺紙例）

一、六尺紙對開單條　單馬二十萬元　二馬以上每匹照加[illegible]（不足六尺高者照六尺紙例）

一、四尺紙對開橫幅　三馬以內十五萬元　四馬以上每匹照加四萬元（不足四尺長者照四尺紙例）

一、五尺紙對開橫幅　三馬以內[illegible]萬元　四馬以上每匹照加五萬元（不足五尺長者照五尺紙例）

一、六尺紙對開橫幅　三馬以內二十五萬元　四馬以上每匹照加五萬元（不足六尺長者照六尺紙例）

一、整紙中堂照對開單條例加一倍

一、整紙橫幅照對開橫幅例加一倍

一、一尺見方冊頁　單馬每開五萬元　二馬以上每匹照加三萬元（不足一尺見方者照冊頁例）

一、五尺五寸見方斗方　單馬每開八萬元　二馬以上每匹照加三萬元（不足一尺[illegible]寸見方者照斗方例）

一、扇面照斗方例

乙、山水例

一、[illegible]對開單條十五萬元　五尺單條　五尺[illegible]單條二十萬元　六尺對開單條[illegible]

一、對開橫幅照單條例　整紙中堂照單條例加一倍　整紙橫幅同中堂例

一、冊頁每開五萬元

一、扇面每開八萬元

丙、說明

一、花鳥蟲魚照山水例　百[illegible]圖不在此例　手卷另議　臨古加倍　工細加倍

一、潤資先惠　約日交件　劣紙不繪

收件處　各大牋扇莊

| （左图）张一尊画展筹备会信笺

| （右图）张一尊画例　1946年

張一尊 國畫家

男 湖南乾城人 年四十七歲

民國紀元前十一年生

公元一九〇一年

擅長國畫，篆刻。

氏六歲時即愛畫馬，以天資穎異，繪才獨具，雖無師承，然神與物會，心與神通。壯年時曾從軍伍，素具武略。勝利後自請退役，彌作藝事；除畫馬外，兼及山水，花鳥，蟲魚，始以四王八大爲宗，後更追師宋元；時亦作金石。民三十五年九月在滬舉行畫展。

张一尊传略

《美术年鉴》 上海社会科学院出版社 1947 年

1951 年　5 月，被湖南省人民政府聘为湖南省文物委员会委员。

1953 年　10 月，作品《关山驮马》入选在北京举办的“第一届全国国画展览会”；
赴内蒙古自治区考察写生。
12 月，出任湖南省人民军政委员会参议室参议。
是年，赴北京走访学习，多次拜访齐白石。

1954 年　4 月，作品《大龙洞瀑布》刊登于《新湖南报》4 日第 3 版。
7 月，当选为湖南省人民代表大会代表。
9 月，作品《黄腊寨水车》被选为《湖南文艺》1954 年第 9 本封面。
11 月，作品《吕洞山云海》刊登于《新湖南报》21 日第 3 版。

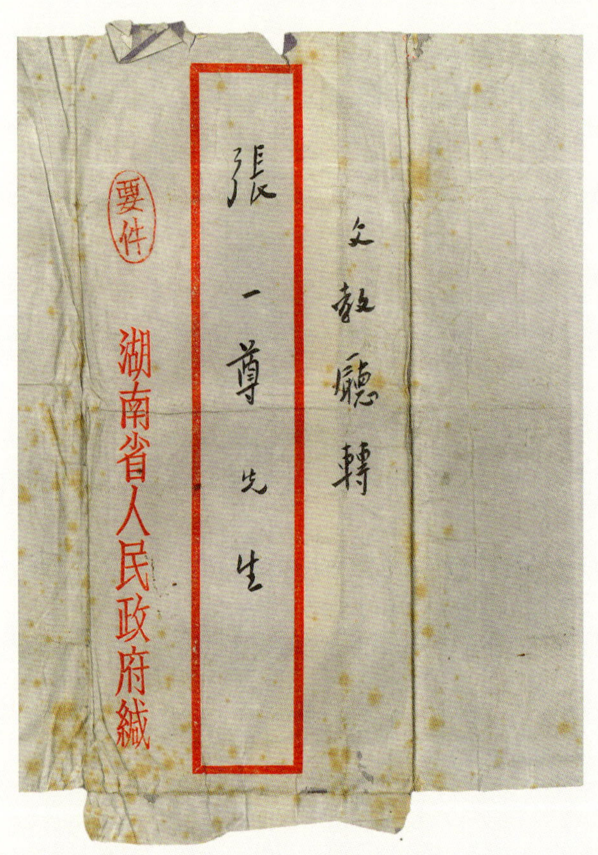

文教廳轉

張一尊先生

湖南省人民政府緘

要件

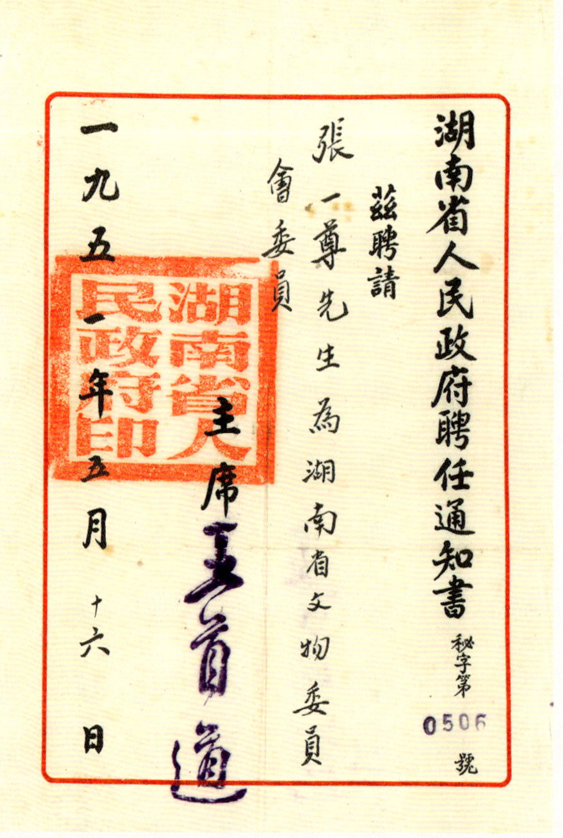

湖南省人民政府聘任通知書

秘字第0506號

茲聘請

張一尊先生為湖南省文物委員會委員

主席 王首道

湖南省人民政府印

一九五一年五月十六日

湖南省人民政府聘书　1951 年

湖南省第一届人民代表大会第一次会议代表证　1954年

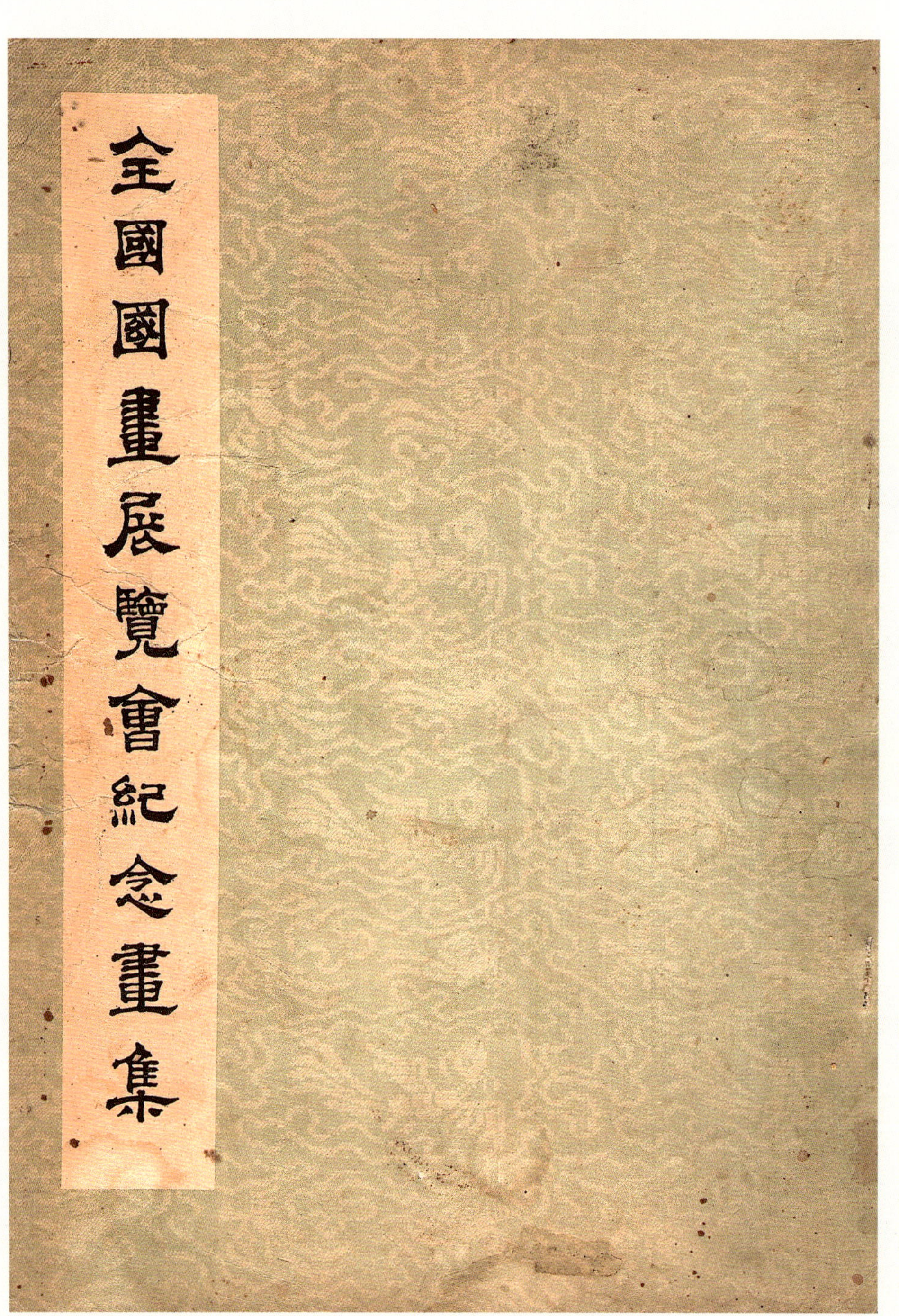

九三	人物寫生	葉淺予	北京
九四	山水	董壽平	北京
九五	江山無盡	陳少梅 周元亮 潘素 惠孝同 胡佩衡	北京
九六	山水	何香凝	北京
九七	山水	佟公超	北京
九八	山水	王世偉	甘肅
九九	平利城圖	李本澤	陝西
一〇〇	磨溪圖	林子白	福建
一〇一	愛國捐獻	楊建候	江蘇
一〇二	江山一覽	謝友生	吉林
一〇三	樓台會	吳青霞	上海
一〇四	大渡河	應野平	上海
一〇五	樓閣山水	侯堉顯	北京

一一六	關山馱馬	張一尊	湖南
一一七	華山蒼龍嶺	俞劍華	江蘇
一一八	崆峯瀑布	馬德涵	陝西
一一九	李白詩意	吳湖帆	上海
一二〇	雲南麗江風景	李晨嵐	雲南
一二一	山水	王石岑	安徽
一二二	興安嶺	關和璋	綏遠
一二三	觀瀑圖	王鐘秀	遼西
一二四	山水	孫克綱	天津
一二五	青松白雲	呂聖逸	湖北
一二六	江南春	馮忠蓮	北京
一二七	更喜岷山千里雪	傅抱石	江蘇
一二八	强渡大渡河	傅抱石	江蘇

《全国国画展览会纪念画集》 1953年

张一尊《黄腊寨水车》

《湖南文艺》1954 年第 9 本封面

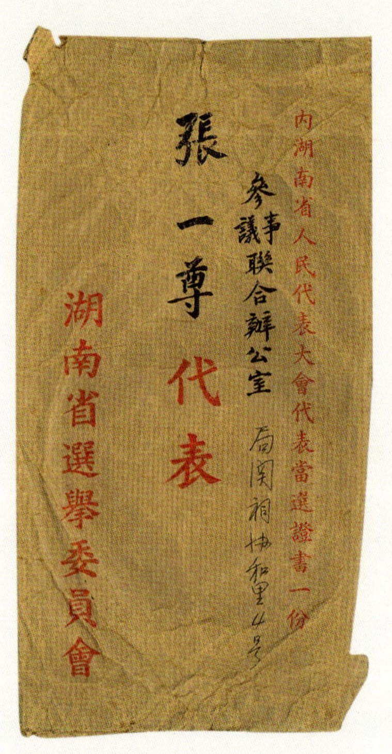

内湖南省人民代表大會代表當選證書一份

參事議聯合辦公室 南関祠协和里4号

張一尊代表

湖南省選舉委員會

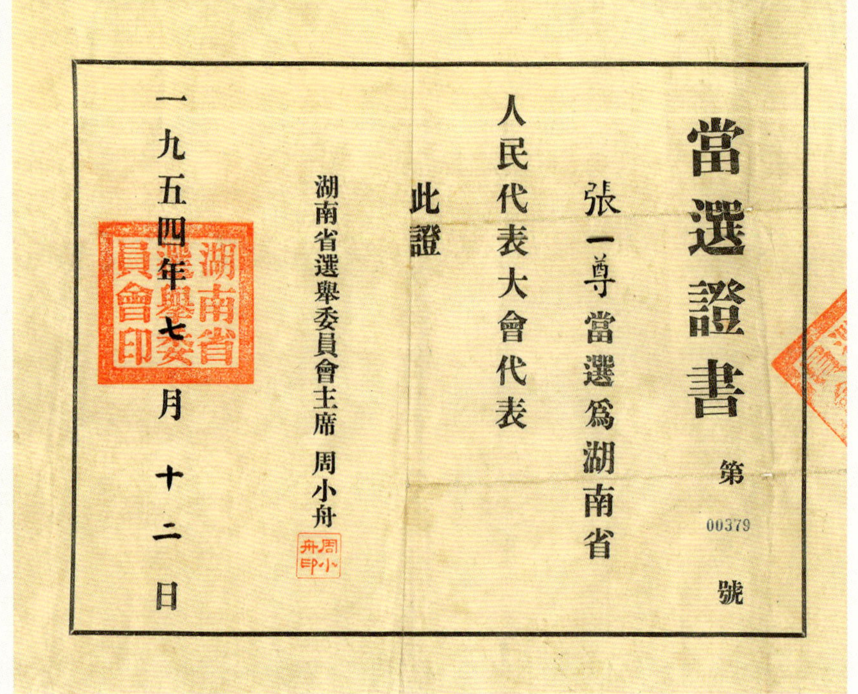

當選證書 第00379號

張一尊當選爲湖南省人民代表大會代表

此證

湖南省選舉委員會主席 周小舟

一九五四年七月十二日

湖南省第一届人民代表大会代表当选证书 1954年

| 张一尊夫妇合影　1954 年

1955 年　1 月，作品《套马》刊登于《湖南文艺》1955 年第 5 本。
是年，任湖南省人民委员会参事室参事。到湘西等地写生，创作《苗地风光胜桂林》《河畔奇峰》等作品。

1956 年　6 月，在湖南省文联委员扩大会议上，补选为省文联委员。会议设立了省文联工作委员会，委员会下设美术干事会。
7 月，作品《冒雨抢耕》入选"第二届全国国画展览会"，并刊登于《美术》1956 年 9 月号；跟随省文联组织的旅行写生队赴衡山写生。
8 月，作品《洞庭溪》刊登于《新苗》1956 年 8 月号。
10 月，南岳写生作品《半山亭朝霞》刊登于《新苗》1956 年 10 月号。

1957 年　1 月，沅水写生作品《穿石横江》刊登于《新苗》1957 年 1 月号。
6 月，作品《昂首长鸣》被选为《新苗》1957 年 6 月号封面。
7 月，作品《苗地风光》刊登于《新苗》1957 年 7 月号。
8 月，作品《清浪滩天险》参加"湖南省首届美术作品展览会"，获一等奖。此展是中华人民共和国成立以来湖南首次大规模综合性展览。
11 月，文章《白石先生千载不朽》刊载于《新苗》1957 年 11 月号。

湖南省第一届人民代表大会第三次会议出席证　1955 年

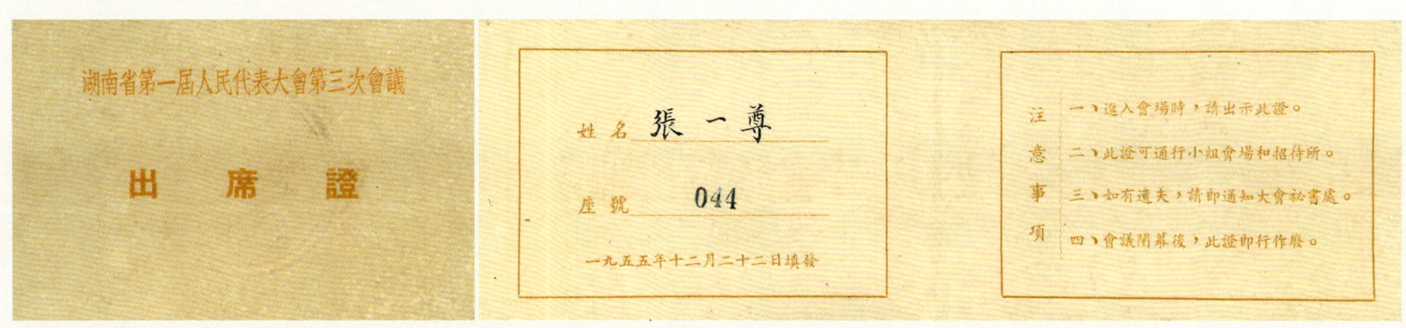
湖南省第一屆人民代表大會第三次會議
出席證

姓名　張一尊
座號　044
一九五五年十二月二十二日填發

注意事項
一、進入會場時，請出示此證。
二、此證可通行小組會場和招待所。
三、如有遺失，請即通知大會秘書處。
四、會議閉幕後，此證即行作廢。

张一尊《洞庭溪》
《新苗》1956 年 8 月号

张一尊《套马》
《湖南文艺》1955年第5本

套馬

松 树 鹤 鳥

李苦禪作

（第二届全国国画展覽会展品）

冒 雨 搶 耕

張 一 尊 作

（第二届全国国画展覽会展品）

张一尊《冒雨抢耕》

《美术》1956 年 9 月号

张一尊《半山亭朝霞》（南岳写生之一）
《新苗》1956年10月号

张一尊《昂首长鸣》

《新苗》1957年6月号封面

白石先生千载不朽

张一尊

读者中来

"言之无理"的李岸

要更谦虚、更冷静一点 丁子人

张一尊《白石先生千载不朽》
《新苗》1957年11月号

白石先生千载不朽

白石先生，生活将近一个世纪，十足年龄97岁，如果真的说"人生七十古来稀"的话，他还超过古稀二十多年，更是人间稀见的稀见！

蔡若虹同志说："白石先生的一生是辛勤劳动的一生；也是无穷丰富的艺术创造的一生。"这是对的，然而我还认为白石先生的一生又是受尽人间酸甜苦辣的一生，我们知道，解放前他虽也受到很多人的称赞，但也受到不少的所谓资产阶级知识分子臭理手对他的奚落，认为他心无点墨，霸气冲天。1946年我同他在上海第一次见面的时候，由于不了解他的内心抑郁，我还以为他是个沉默寡言的老人，1953年我到北京再去看他，他变了，欢喜讲话了，并且还讲的（得）很生动幽默，他说："全国解放了我的思想也解放了，我感谢党和毛主席的逾格关怀和重视，作画之余，还得抽出很多时间接待国际友人来访，他们从六岁问起，虽然有些麻烦，但也觉得十分安慰。"又说："中苏友谊铁路通车后，我还要去莫斯科游历一趟。"这是解放后百岁老人从灵魂深处透露出来的真话，而且这些话充满着革命的乐观主义思想。

很多朋友这样说："没有中国共产党，就没有今天的齐白石。"我很同意这样讲法，这样讲，并没贬低白石老人的艺术成就，相反的，正说明他的成就是整个人民革命事业的一部分。我们知道，短短的八年时间，白石先生由中国的画师一变而为全世界富有国际威望的艺术巨匠，这不是简单的事，要不是中国共产党和毛主席对文艺事业的正确领导，要不是国际地位一日千里的提高和党对白石老人的关心与向人民推荐的话，这是不可想象的，当然这与白石老人近年来个人对艺术的贡献也是分不开的。

白石先生的画，是一种大气磅礴的画，是富有新的生命感染力的画，是代表传统风格和民族思想情感的画，由于白石先生具有天纵的艺术创造才能，又经过近百年岁月的长期不断的钻研，他的造诣是达到了传统的"生动准确""简括明快"的高度，他不仅专长花鸟虫鱼，而且还兼擅人物山水以及其他，又不只长于艺术的典型刻画，并具体掌握了传统技法的笔墨运用，尤其湿笔重墨画生宣，向为一般画家所忌，而白石老人独于此处甚感得心应手，他不管尺帧小开也好，横额丈幅也好，都是湿笔重墨一气呵成，由于墨汁淋漓，更显得富于质的感觉，这是他的独到。

白石先生的画，在构图方面，确实尽到了概括集中的能事，他学古人而不泥于古人，师造化而不斤斤于形式，因而他能突破古人的"老一套"的构图格式而独出心裁，看来很新颖、出奇。我们时常看到他在一条很长的单幅上，画几只螃蟹虾子，其他别无所有，然而看来并不觉其空，有时他在六尺整幅上到处涂满了荷花荷叶，但也不嫌其繁。尤擅画藤，用笔宛若游龙，深得"乱而不乱"之妙，我们知道，白石老人的画，原是以北宋徐黄二家为基础，以明代白阳青藤二家为运用的，后来受影响于吴昌硕陈师曾两人，再冶清代扬州八怪为一炉，由于他不死守一家绳墨，而是志在吸取历代各家精髓为自己服务，因此他是发展的，是在继承传统的基础上发展的，而不是割断历史，标奇立异。所以他的画，既富有传统风格的特色，也具体表现了个人性格的特征。

本来在我们中国画史上，一向只有诗书画三绝，白石老人却以四绝著称，他的金石正和他的画一样，纵横排奡，气势绝纶（伦），然而他对我说："我的作品，诗还可诵，字次之，金石又次之，画则距成家尚远"，老人虚怀若谷，举此例可以想见其他。

白石先生画画用笔无多，看来好象（像）"粗枝大叶"，因此很容易使人发生误会，以为他"粗制滥造"，不必多费气力，其实他作画非常严肃，不得形似不落笔，徒具形似不得神似也不落笔，用笔虽粗，用心却细，笔墨无多，用意就不简单了！他不仅画画如此，就是题款盖章，也不草率，他曾为我篆题"八骏图"，先以炭笔约好位置，再另纸试篆贴其上，退而观之，认为不失体制，才大胆挥笔，什么地方宜于盖什么章，亦必视画面需要而作决定。

白石先生画一辈子的画，一直画到他本人"油干灯熄"与世长别才停止他的画笔，这种"为人民服务"的精神，和他对美术事业的热爱，是值得我们好好学习的。他的一笔一墨、一言一行都代表我们劳动人民的思想感情，他为祖国的艺术宝库创造了无穷无尽的财富，他的贡献是伟大的，智慧是卓越的，品质是高尚的，创作态度是严肃的，生活方式是俭朴的。我们悼念他，我们应该学习他的一切。

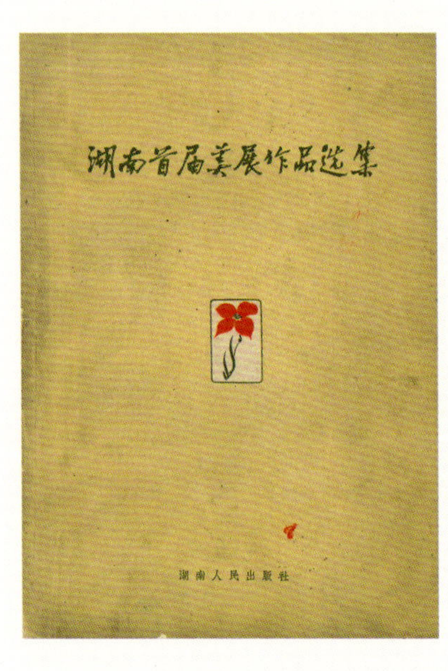

（左图）《湖南首届美展作品选集》
湖南人民出版社　1959 年

（右图）“湖南首届美展”一等奖奖章　1957 年

张一尊《清浪滩天险》

《湖南首届美展作品选集》 湖南人民出版社 1959年

1958年　2月，作品《马》刊登于《新苗》1958年第2期。

4月，韶山写生作品《准备新建》刊登于《新湖南报》20日第3版。

5月，湖南省第一届美术家代表大会在长沙召开，张一尊被选为首届主席，黄肇昌、陈白一为副主席。

6月，当选为湖南省第二届人民代表大会代表。

12月，文章《坚决听党的话，虚心向群众学习》刊载于《新苗》1958年第12期。

是年，赴韶山及湘南地区写生，其中《韶峰耸翠》《韶山学校》后由湖南人民出版社出版；收聂南溪为弟子。

张一尊《马》
《新苗》1958年第2期

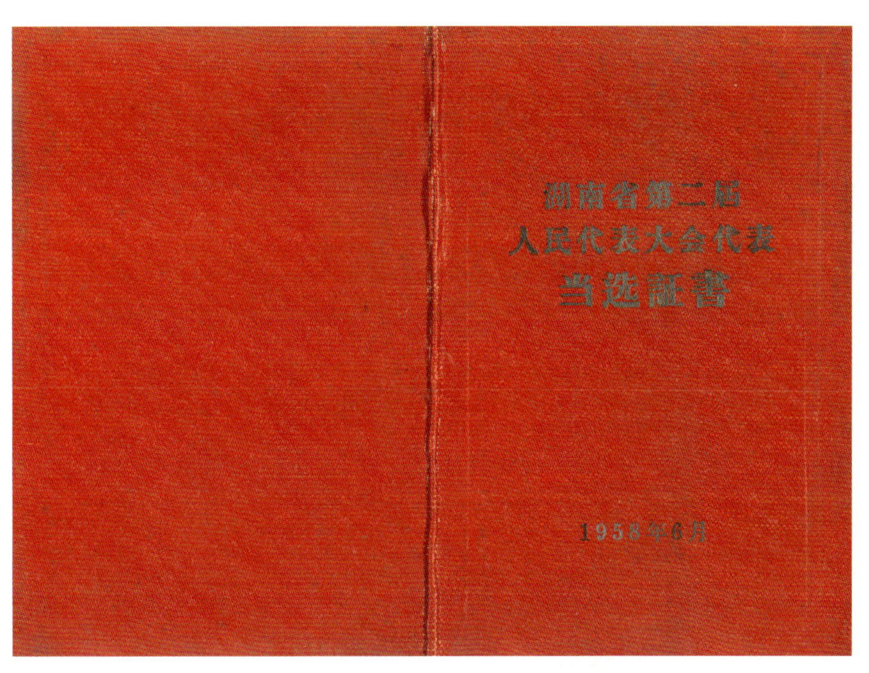

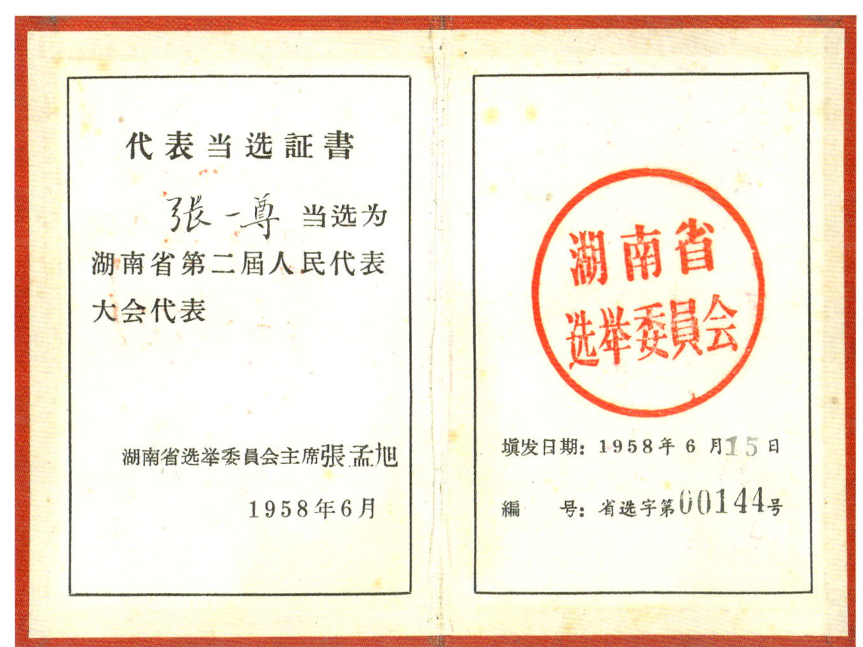

湖南省第二届人民代表大会代表当选证书　1958 年

张一尊《坚决听党的话，虚心向群众学习》

《新苗》·1958年第12期

坚决听党的话，虚心向群众学习

与刚才几位同志的看法差不多。听了铁主任的传达报告后，感到很兴奋，同时，感到内容太丰富、太多，消化不动。这些问题的确是我们的方向，同时也是我们的任务。如何来体现党和毛主席提出的“建设共产主义的文艺”、“革命的现实主义与革命的浪漫主义相结合”，想得晚上睡不着觉，这两天经过讨论，理论上有些进步。认识了为什么在这个时候来提出这个问题，为什么在社会主义现实主义的创作方法上还要提出更高的，建设共产主义文艺和革命的现实主义与革命的浪漫主义相结合的要求。我们知道，今天的客观形势已不是过去的形势了。今天，美术还家了，湖南过去画家不多，解放几年来，由几十个增加到几百个，现在是几千个画家了，大家都会画了。由于农业生产大跃进的客观形势，对我们美术家提出了新的要求，旧的形式已不能适应于今天新的形势了。党在这个时候提出建设共产主义文艺、提出革命的现实主义与革命的浪漫主义相结合，是适时的……今天摆在我们面前最严重的问题，是如何加强自我改造的问题，只有听党的话，虚心向劳动人民学习，不然就会掉队。我想就美术方面来谈两点个人意见。

一、所谓革命的现实主义与革命的浪漫主义，表现在美术方面究竟是怎样一回事？中国的传统绘画一向来就是浪漫主义的，同时，一向来也是从现实生活中产生的，并不是凭空而来的。但是过去美术中的这个现实主义与浪漫主义是不是与党今天提出的革命的现实主义与革命的浪漫主义一样的？这个问题必须搞清。我们知道过去，资产阶级文艺也强调浪漫主义，尤其还有所谓“浪漫派”，专门宣扬淫秽、没落、残暴，画的画喜欢画女人的裸体、画破烂的东西，画桥桥要倒，画船船要翻。这就不是我们所需要的。我们不仅不主张这样搞，而且我们坚决反对这样搞。那末（么）齐白石先生画虾子，不画前面那六个小脚，是不是浪漫主义呢？我想应该说是浪漫主义。因为浪漫主义与自然主义不同，它的特征就是夸大，现实中没有的画上去也是夸大，有的不画上去也是夸大。不过这只能叫一般的浪漫主义，却不能叫革命的浪漫主义罢了。过去有个朋友讲过这样一个笑话，说吴昌硕先生曾经给一个商人画了一棵牡丹，几乎有小脸盆口那样大，画好之后拿给他看，问他有什么意见，那商人说很好！不过牡丹花画得似乎太大了一点。吴昌硕很浪漫似地（的）说，山水里面画的人物高不满寸，画人既可以缩小，画牡丹花为什么不能放大呢？我想这当然也是浪漫主义。将来牡丹也可能有那样大，也许这就是未来的现实。究竟什么才是浪漫主义？我想除夸大而外，还有想象，比喻，生动、活泼等，都应该包括在内。这些，我们传统中都有的，不过到了资产阶级手里，就变了样了，他把画腐朽、没落来冒充浪漫主义，这是歪曲浪漫主义。我们党今天提出的革命的浪漫主义，是要有今天革命的理想，而这种理想不是空中楼阁，而是明天的事实。换句话说，就是革命的“思想先行”，它既基于今天现实生活的认识，而又有未来的更美丽的生活预见，这才能鼓舞人民、教育人民。不是拿有伤风化的东西来腐化人民。我们必须弄清楚。

现实主义，我们的传统也是现实主义的，那么，何必要提出革命的现实主义呢？这也和上面所说的道理一样，我们主要是强调思想性，主要是画劳动英雄和革命英雄，如果不加上革命两个字，很容易走到一般化，很容易满足于一般生活现象的描绘。从去年全省的美展来看，展出的美术作品，绝大部分是花卉，很少看到具有高度思想性的作品。从全部展出的作品中比较来看，花卉的一般技术水平是要算高些，但也可说是最落后些，因为没有新的独创，一眼看去，都差不多，尤其最突出的，不是模仿齐白石，就是模仿吴昌硕。我们知道画人物容易看出毛病，画山水费工夫太大，画花卉既不容易看出毛病又费力不多，谁不愿避重就轻呢？这次我画韶山全图，画了十多天，很费劲，但画出来的并不好。这样说来，我也可以改行。因为画花卉纵不好也不会出大问题。今天提出的问题，就是要我们不能避重就轻，要我们反映重大题材。要反映现实生活，不深入实际生活，不走群众路线，就不行。今天要画断龙山，不到古丈断龙山去体验生活，关起门来画也就画不出来。我们只要虚心接受党的教育，就能画出好的东西来。我过去是绝对不画人物的，最近几年来才学，虽然没学好，但我相信只要努力去学，五年以后，一定可以把人物画好。今天党这样提出，对美术界有很大的教育意义。作为一个美术家或美术工作者来讲，你的思想总得要走前一步。周扬同志说过：“我们的现实主义者，必须同时是革命的理想主义者。”在今天的形势下，真是既逼人又诱人，美术工作者确实要好好认识自己，改造自己，才能提高自己。我正在考虑这个问题，将来如何为祖国作出更多更大的贡献，必须首先拔掉思想白旗，插上红旗才行。

二、我们在小组上也提出一些具体问题：

例如将来山水、花鸟虫鱼等还要不要画了？这要弄清楚。党提得明明白白，是要百花齐放。花卉是花，当然要，其他山水翎毛等也要，今后的劳动人民永远也是需要这些东西的，不过在湖南来讲，决不能象（像）去年第一届全省美展那样，300幅画中有250幅是花卉。花卉不是重点。百花齐放是要多样的风格，不过主要应该以人物来反映今天的生活。我们要多画伟大的斗争场面，如修建断龙山水库、柘溪水电站。今天几十万人修铁路，这些地方就离不开山，山水当然要画，但不是过去那种山水。再画过去那种穷凶极恶、鬼都爬不上去的山就不行了。对传统中的好的，只要是健康的、能为人民服务的，都要，并且要画得比过去古人更好，但不能专只模仿前人，要在传统的基础上发展、提高。

三、普及工作的问题：

今后湖南的普及工作要做好。尤其要注意“老出少入”，就是老画家要从传统中跳出来，年青的画家要入一下，向传统学习。更具体点说，就是老的向年青的学习，年青的在传统方面向老的学习，互相学习，互相提高。如果今天老年的画家不出来，还把自己仅有的一点技法认为是了不起，奇货可居，那是不行的了。今天画家在湖南，已不止几千人，已是上万数的了，很多青年，值得老年人向他学习，不过在技法上青年也可向老年学习。今天的提高就是明天的普及。普及又提高，提高又普及，党的美术工作是无止境的。

韶☆山☆写☆生

△毛主席故居　汪仲琼作

◁准备新建　張一尊作

▽气象台　張举毅作

张一尊《准备新建》

《新湖南报》1958 年 4 月 20 日第 3 版

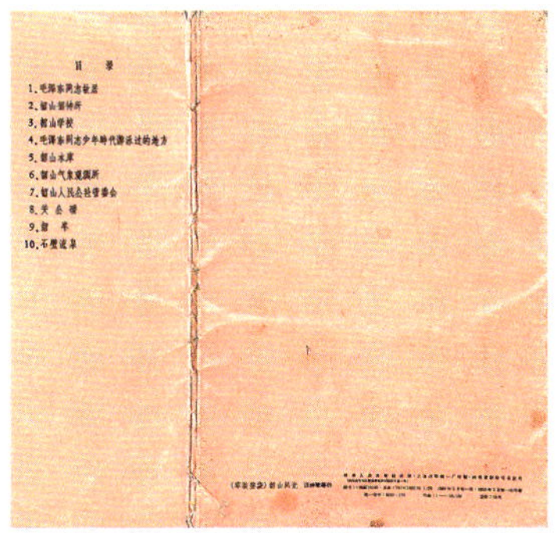

《韶山风景写生》明信片封面、封底
湖南人民出版社 1959年

张一尊《韶峰耸翠》
《韶山风景写生》湖南人民出版社 1959年

张一尊《韶山学校》
《韶山风景写生》湖南人民出版社 1959年

1961 年　7 月，应邀参加省市政协美术组举办的美术讲座，主讲“中国绘画中的‘六法’”。
10 月，出席在广东从化召开的中南局高级知识分子座谈会。
12 月，文章《漫谈画马》（一）刊载于 1961 年 12 月 2 日《长沙晚报》，此文后续（二）（三）(四) 于 1962 年 3 月 22 日、27 日，4 月 3 日在《长沙晚报》连载。

1962 年　1 月，所作《旧体词两首》刊载于《湖南文学》1962 年 1 月号。
2 月，作品《马》参加“湖南省 1961 年美术作品展览”；《三骏图》由湖南人民出版社出版。
4 月，作品《马》刊登于《湖南文学》1962 年 4 月号。
5 月，赴京参观为纪念毛泽东同志《在延安文艺座谈会上的讲话》发表 20 周年，由文化部和中国美术家协会联合举办的“全国美术展览会”，并参与北京美术界座谈会。
8 月，文章《纵横泼辣 任情挥洒——看俞剑华先生画展》刊载于《新湖南报》31 日第 3 版。
11 月，参加湖南省文学艺术工作者第三次代表大会，并作发言。与邵一萍等创作作品《万紫千红》献礼大会。在之后的湖南省第二次美术工作者代表大会上，张一尊任中国美术家协会湖南分会主席。
是年，赴岳阳等地考察写生，创作《洞庭秋色》《巴陵胜状》等作品。

1963 年　1 月，作品《江华放木》刊登于《新湖南报》13 日第 3 版；作品《洞庭秋色》刊登于《新湖南报》18 日第 3 版；书法《“祖国东风”八言联》刊登于《新湖南报》23 日第 3 版。
2 月，参与编写的《毛笔画册》由湖南人民出版社出版。
4 月，作品《鹫》刊登于《湖南文学》1963 年 4 月号。
6 月 16—30 日，由中国美术家协会湖南分会主办的“张一尊书画展览”在中苏友好馆举办，共展出作品 103 件。
8 月，作品《三奔马》刊登于《湖南文学》1963 年 8 月号。
是年，创作《草原套马》《河边饮牛》《独奔》《鲇鱼》《六牛图》《新生》等作品。

张一尊《马》
《湖南文学》1962 年 4 月号
（选自湖南省 1961 年美术作品展览）

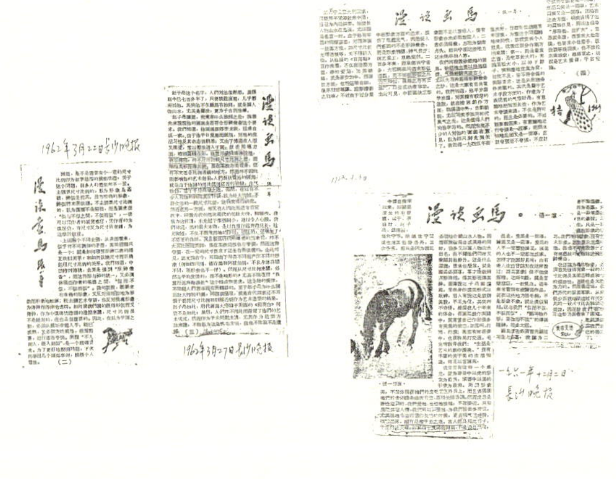

《漫谈画马》系列文章
连载于《长沙晚报》1961 年 12 月—1962 年 4 月

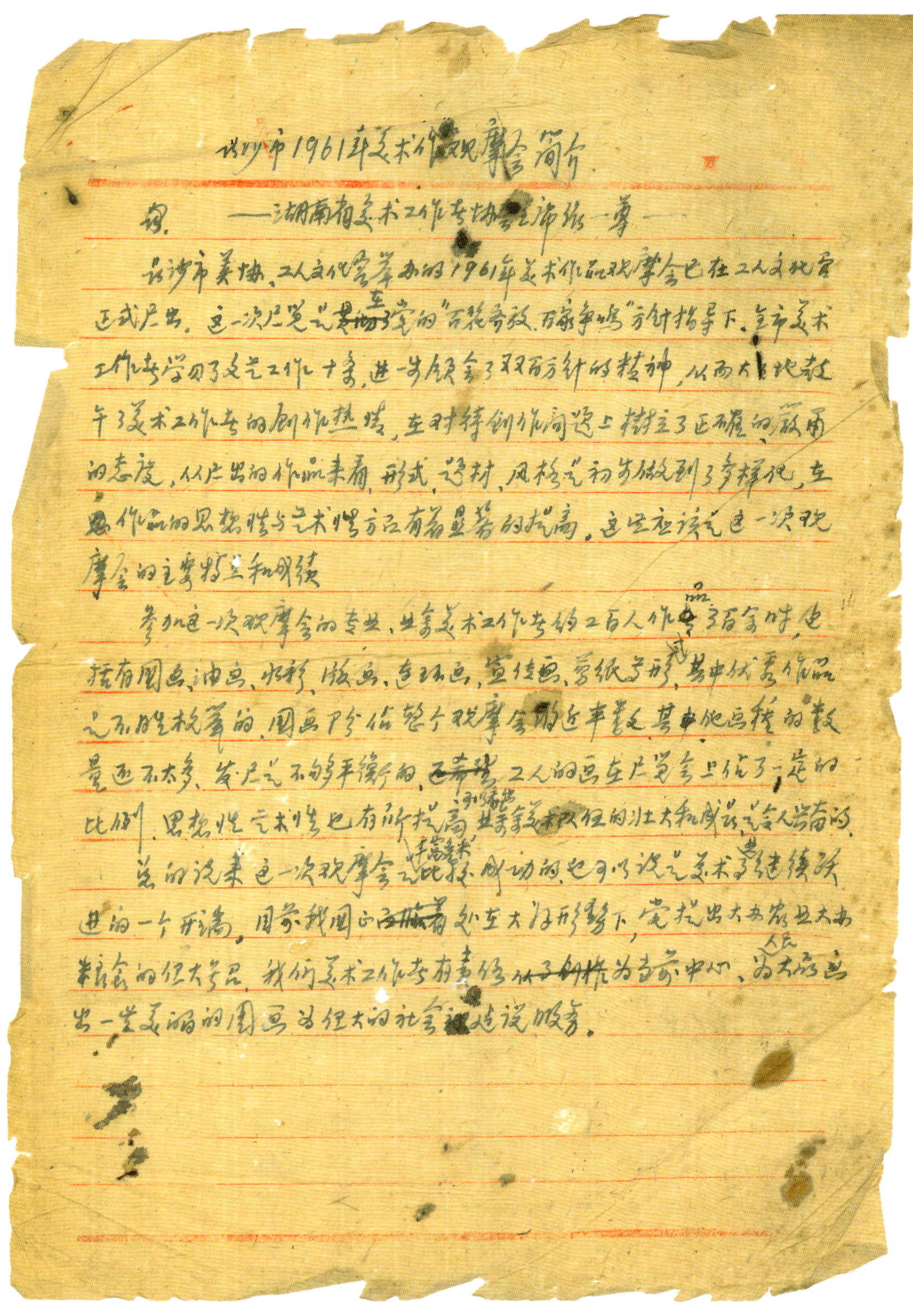

长沙市1961年美术作品观摩会简介

稿 ——湖南省美术工作者协会[illegible]张一尊——

长沙市美协、工人文化宫举办的1961年美术作品观摩会已在工人文化宫正式展出。这一次展览是在党的"百花齐放、百家争鸣"方针指导下，全市美术工作者学习了文艺工作十条，进一步领会了双百方针的精神，从而大大地鼓午了美术工作者的创作热情，在对待创作问题上树立了正确的、严肃的态度，从展出的作品来看，形式、题材、风格方面都做到了多样化，在作品的思想性与艺术性方面有着显著的提高，这些应该是这一次观摩会的主要特点和成绩

参加这一次观摩会的专业、业余美术工作者约二百人，作品三百余件，包括有国画、油画、水彩、版画、连环画、宣传画、剪纸等形式，其中优秀作品是不胜枚举的，国画可以说是整个观摩会的近半数，其他画种的数量还不太多，发展是不够平衡的，工人的画在展览会上占了一定的比例，思想性艺术性也有所提高，业余美术队伍的壮大和成长是令人兴奋的。

总的说来这一次观摩会是比较成功的，也可以说是美术事业继续跃进的一个开端，目前我国正处在大好形势下，党提出大办农业大办粮食的伟大号召，我们美术工作者有责任以农业为中心，为人民大众画出一些美丽的图画为伟大的社会主义建设服务。

| 张一尊《长沙市1961年美术作品观摩会简介》 1961年

北京美术家座談紀要

記　者

为紀念毛澤东同志《在延安文艺座談会上的讲話》发表20周年，北京美术界自三月中旬至六月下旬全国美展期間曾举行多次分組座談会，参加者除在京美术家力群、卫天霖、王臨乙、方成、古元、田世光、刘开渠、叶浅予、米谷、庄言、艾中信、李樺、李可染、李苦禅、李瑞年、吳鏡汀、邵宇、陈沛、陈半丁、陈叔亮、陈依范、郁風、彥涵、胡蛮、赵友萍、赵枫川、秦仲文、张安治、张景祜、常沙娜、梁黃胄、滑田友、董希文、蔣兆和、蔡若虹等外，还有湖南、河南、吉林、湖北、山西等地来京参观展覽会的美术家如张一尊、陈白一、黃肇昌、董义方、周韶华、董其中等，先后共有一百六十多人。根据学习“讲話”的心得和体会，結合二十年来美术工作的发展和当前美术創作中所存在的問題，展开了討論。所談問題，涉及很广，現簡要报道如下：

許多同志回顾了二十年来我国美术創作在毛澤东文艺思想指导下的巨大发展，认为我国革命的、进步的美术家所走过的道路，就是一条与群众相結合的道路。方向明确了，道路寬广了，經过大家的努力，使我們的美术創作，达到了空前的繁荣。座談会上，大家具体談到了中国画、版画、油画、雕塑、工艺美术以及連环画、年画、漫画等各方面的成就，与个人生活和創作实践中的体会。美术家們也各抒己見，暢談了对当前創作的意見。

許多同志认为保持和发揮各个画种本身的特点更利于百花齐放。油画、中国画、版画……之間可以互相汲取經驗，但汲取之后，要融化为自己的东西，不能生吞活剝。不必把油画画成中国画、或者中国画硬去追求油画效果。雕塑也不能向繪画看齐，去表現复杂曲折的情节。有人批評某些套色水印版画太像中国画，另一些套色版画又太像油画，但也有人认为水印木刻像中国画，只要作品好，不必去反对，不能說这是一种偏向。同样，有的版画套色复杂，也可作为一种形式的探索。但有一些老版画家还是主张套色不要过繁，版画还是应以单純中見丰富为特长。

許多同志认为，在創作上如何才能作到革命的政治內容和尽可能完美的艺术形式的統一，很值得研究。有时重視了前者而忽視了后者，对艺术、技巧、形式、色彩、构图不讲究。有的同志說，作为一个美术家，不談形式怎么行呢？形式不好，常常反过来損害好的內容，削弱創作的感染力，这已經是大家都有的經驗。为了更好地表达內容而讲究形式和形式主义完全是两回事。也有同志談到：我們不反对形式上創新，但要創新，还必須大大加强基本功，加强对古人和外国人的好經驗的汲取。有的人只注意笔触的“帅”，不仅有忽視內容的傾向，也暴露了基本功的不足。有的同志則认为，我們的道路是正确的、明确的，現在的問題是还“放”得不够。应当提倡大胆尝試，如果对某些新的尝試有过多顾虑，对百花齐放不利。

許多老国画家认为我們今天的人物画，超过了我国历代人物画的水平。有同志說，在为工农兵服务的方向下，劳动人民成为艺术作品的主人公，这是“前无古人”的。也有同志认为今天的人物画在刻划人物的精神面貌和掌握正确的解剖关系上，也都有古人没有能做到的地方。同时，大家也指出，人物画創作的題材、体裁还不够丰富多样。有人认为人物画的遺产，比不上山水花卉那样丰富，而且人物的刻划是比較繁难的，担心有些美术家会避重就輕。大家认为个别人也許会这样，但許多有雄心壮志的人物画家是会不断努力的。許多画家不同意这样一种說法：“現在山水花鳥画太多了，人物画太少了！”不是什么多少問題。如果說数量，人物画現在也不少，問題是，我們的肖像画、風俗画、反映人民当前現实生活和斗争的单幅画或組画、历史人物画……还不够多种多样，已有的作品质量还不够高，有些青年国画家，对传統的学习还不足。

国画家們对“推陈出新”的問題討論得最热烈。秦仲文說，关于艺术的源和流的問題，他从“讲話”中得到很大的启示。过去的說法把古人的作品誤认为是“源”，是本末倒置了。古人固然也有“师造化”的說法，但有多少人是眞正师造化的呢？后来大都輾轉臨摹，殊少新意。今天画家們和群众相結合，深入生活，找到了眞正的源泉，我們的中国画的創作面貌就为之一新。有人补充說，“师古人”也有一定的意义，毛主席說过：决不可拒絕继承和借鉴。由此就“推陈出新”的問題展开了討論。李苦禅认为“推”字有批判吸收的意思，而新是新穎，新意境，新气象，不是什么“只有把陈推掉，才能出新”。陈半丁认为首先要掌握了“陈”，在陈的基础上去創造，才能出新，如果对“陈”一无所知，甚至还胜不过“陈”，就无法推陈出新。湖南来京参观美展的老国画家张一尊认为“推”是“推进”，不是“推掉”。思想傾向保守的画家，应該多注意“推”的工作，突破成規，大胆創新；青年画家往往勇气有余而工力不足，就要多注意“继”的工作，用心学习传統技法；这样才能互相取长补短。有的同志談对“陈”与“新”的理解，认为陈主要是指的思想內容，而不是指的技法。陈旧的思想感情，陈腐的政治內容，是糟粕而不是精华，应該揚弃。古人的优秀的技法則必須继承下来，使它为新的內容服务。所謂新，主要的也是指思想內容之新，在新的群众的时代，要合乎广大人民群众的思想感情。但在技法上也有“推陈出新”的問題，表現新的事物，过去的技法有不合用、不够用之处，技法本身也不是一成不变的东西，也在不断丰富和提高。从技法

左上图：美术館外景

下图：美术館圓厅一角

《北京美术家座谈纪要》
《美术》1962年第4期

张一尊《江华放木》1961年

《张一尊画辑》湖南美术出版社 1982年

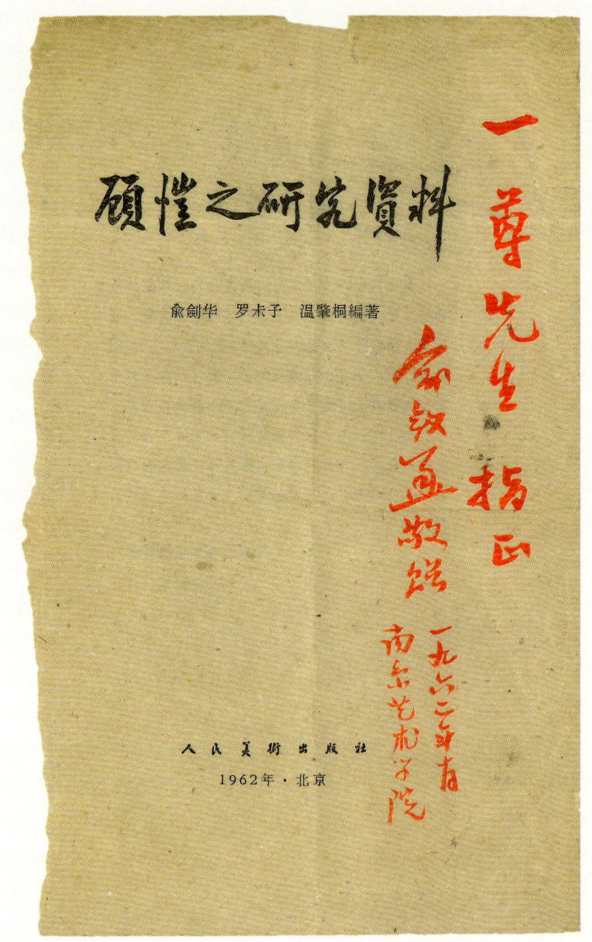

顧愷之研究資料

俞劍华　罗未子　温肇桐編著

人民美術出版社

1962年·北京

一尊先生指正

俞剑华敬赠

一九六二年　南京艺术学院

纵横泼辣　任情揮洒

——看俞剑华先生画展

张一尊

俞剑华先生的山水画，解放前我看过的虽然并不太多，但留給我印象之一的是：他习慣用乱柴兼披麻皴写尖山悬崖，使人一望而感到提心吊胆；其次是格制謹严，构图满，皴梯多，具北派風骨，兼有南宗气韵。从他这次在长沙市展出的百余幅山水画来看，具有上述風格特点的，要占半数以上。看来这样風格的形成，也就是作者数十年来在艺术实践过程中，經过艰苦劳动所得来的經驗总結，和思想感情在艺术形式上的具体表达。《剑threshold青天鍔未残》《泰岱雄風》两幅，要算属于这一类型的代表作，既表現縱横潑辣，也看出元气渾淪。

从作者的自我介紹来看，俞先生在繼承传統方面，不是专攻一家一派，而是兼采各家之长。因而他在笔墨表現手法上，能采取多种多样形式，任情揮洒，得心应手。例如其中几幅大泼墨《飞流直下三千丈》、《横扫五岳》、《云山泼墨》等，具体表現了作者的气概磊落，敢于巨刃摩天。本来这样"大泼墨"的表現形式，最早見于元之高房山，后来明淸各家，用来大写花鳥虫魚，无不栩栩欲动。由于用笔簡括明快，又能表現大气磅礴，迄今蔚为風尙。当然，用以表現千山万壑，要非胆魄过人，学养有素，也易流于形式。俞劍华先生在这方面，可說是别具匠心。

俞先生本来以山水著名，但我特别喜爱他的花卉。其中如《梅香竹青》、《三多》、《綉球花》，和上面題有"疏疏密密，濛濛迷迷，浓浓淡淡，淋淋漓漓"的那一幅画，看来圈圈点点，不着意而却有意，似謹严却又輕松。古人所謂："似而不似，不似而似"，看俞剑华先生用笔，可以心領神会。

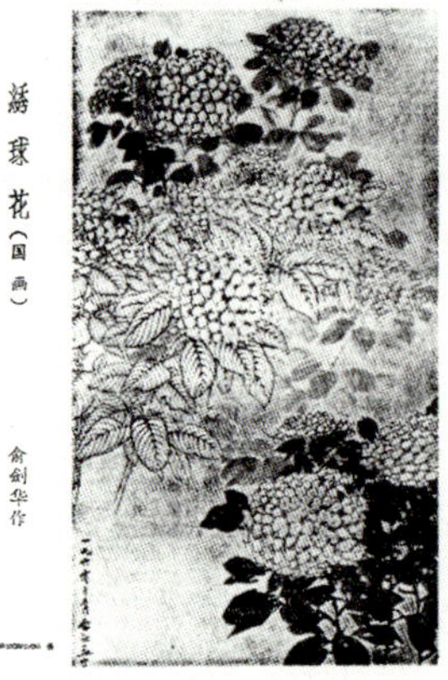

綉球花（国画）

俞剑华作

| （左图）俞剑华签名赠书　1962年

| （右图）张一尊《纵横泼辣 任情挥洒——看俞剑华先生画展》

《新湖南报》1962年8月31日第3版

萬紫千紅

万紫千紅　　張一尊　邵一萍等作

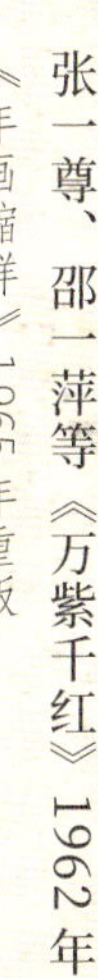

——张一尊、邵一萍等《万紫千红》1962年

《年画缩样》1965年重版

百花迎春開

湖南省1961年美术作品展覽作品选登

为繁荣我省美术創作，交流美术創作經驗，丰富群众文化生活，省文化局、省美协联合举办的1961年美术作品展覽，于2月5日起在长沙市中苏友好館开幕。这次展出的作品，是从各县市选送的千余件作品中精选出来的，是我省近年来美术創作的检閱。展出的210余件作品，包括了全省的140多个老年、青年、工农画家和美术作者的国画、年画、連环画、宣传画、油画、版画、水彩、漫画、雕塑、剪紙等。内容有反映现实斗争生活、革命历史题材以及历史题材的人物画，有反映我省社会主义建設事业的伟大場景和我省名胜的山水、風景画，有描繪鲜艳活潑美丽的花鳥、靜物画等。如：张一尊的国画"五馬图"、邵一萍的"梅竹"、楊应修、曾明床合作的"瑤山春早"、段千湖的"洞庭湖上"、陈白一的"毛主席和我們同庆丰收"、黃肅溪的"毛主席考察农民运动"、馮宝誠的"平江起义"、张举毅的水彩"运煤"、黃鉄山的"拓荒"、朱"黑姿"、刘耀明的木刻"給稻穗"、王逸心的"园下"、肖公望的油画"午睡"、馮一鸣的雕塑"解放軍像"、工人作者鄢炳鈞的剪紙"支援农业丰收"、农民作者何在世的国画"力争超包产"、阳盛全的"春"等，都是这次展覽中較优秀的作品。

这次展出，体现了我省美术創作遵循党的文艺工农兵服务、为社会主义建設事业服务的方向，"百花齐放、百家争鸣、推陈出新"的方針政策的鼓舞和指导下，日益繁荣的新景象。作品内容、式、風格的丰富多样，創作艺术水平，較历次全美展有着显著的提高。

展覽会計划展出半个月，展出結束后，将从全作品中选出部分优秀作品，組織出省展覽，与外美术界交流創作經驗。　（龚立唐）

毛主席和我們同庆丰收（部份）　陈白一 作

午睡　肖公望 作

馬　张一尊 作

韶山　莫立唐 作

禾場秋色　譚尔康 作

瑤山春早　楊应修、曾明床 作

洞庭湖上　段千湖 作

蝴蝶花　楊应龙 作

力爭超包产　何在世 作

| 《百花迎春开——湖南省 1961 年美术作品展览作品选登》
《新湖南报》1962 年 2 月 8 日第 4 版

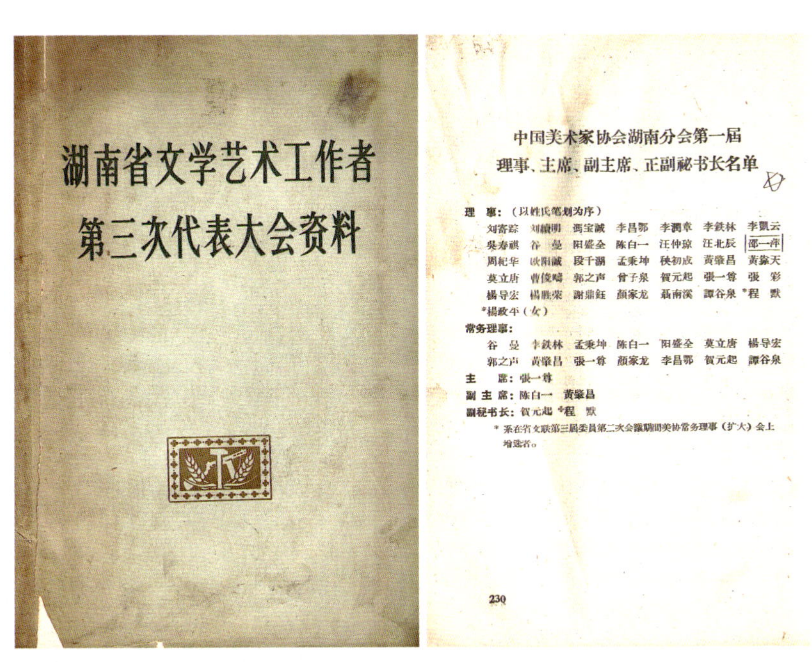

中国美术家协会湖南分会第一届
理事、主席、副主席、正副祕书长名单

理　事：（以姓氏笔划为序）
刘寄踪　刘績明　馮宝誠　李昌鄂　李潤章　李鉄林　李凱云
吳寿祺　谷　曼　阳盛全　陈白一　汪仲琼　汪北辰　邵一萍
周紀华　欧阳誠　段千湖　孟乘坤　秧初成　黃肇昌　黃叢天
莫立唐　曹俊崎　郭之声　曾子泉　賀元起　張一尊　張　彩
楊导宏　楊胜榮　謝鼎鉦　顔家龙　聶南溪　譚谷泉　*程　默
*楊政平（女）

常务理事：
谷　曼　李鉄林　孟乘坤　陈白一　阳盛全　莫立唐　楊导宏
郭之声　黃肇昌　張一尊　顔家龙　李昌鄂　賀元起　譚谷泉

主　席：張一尊

副主席：陈白一　黃肇昌

副秘书长：賀元起　*程　默

* 系在省文联第三届委員第二次会議期間美协常务理事（扩大）会上增选者。

230

旧体詞两首

張一尊

踏莎行 辛丑九月出席广东温泉中南局高級知識分子座談会有感

客里重陽，秋容带笑，流溪河畔疑春到。花开万紫与千紅，温泉徹夜天如曉。 半月留連，感恩应召，談心論道抒怀抱。百家文采汇天南，争夸形势如今好！

鷓鴣天 温泉瀑布写生

为訪名山探水源，停車緩步且高攀。眼明心亮身犹健，万壑千丘画里看。 云断处，嶺晴嵐，龙蟠虎踞水滔天。波瀾壮闊惊雷雨，一泻奔流不复还！

（上图）中国美术家协会湖南分会第一届领导人名单　1962 年

（下图）张一尊《旧体词两首》
《湖南文学》1962 年 1 月号

张一尊等《毛笔画册》
湖南人民出版社 1963年

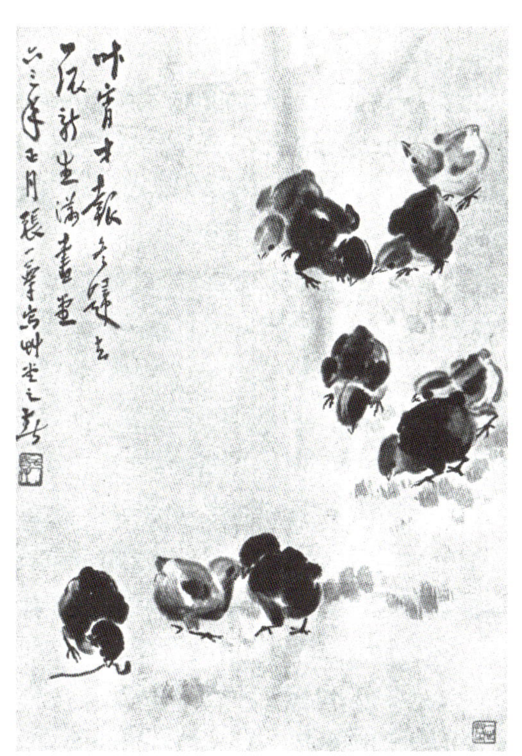

1
2 | 3

1. 张一尊《三奔马》（选自张一尊书画展）
《湖南文学》1963 年 8 月号

2. 张一尊《鹫》
《湖南文学》1963 年 4 月号

3. 张一尊《新生》
《民族画报》1981 年第 6 期

1964 年　1 月，文章《齐白石的艺术创作》刊载于《湖南文学》1964 年第 1 期；作品《江华放木》收录于由湖南人民出版社出版的《湖南风光》。
9 月，当选为湖南省第三届人民代表大会代表。
是年，参加美协湖南分会组织的韶山写生，为人民大会堂湖南厅大型湘绣《韶山》作画；创作《凭高望极图》《芙蓉国里尽朝晖》《漫江碧透 百舸争流》《万马奔腾》《三骉图》等作品。

1968 年　是年，独居长沙，在省参事室学习，参加重体力劳动。

1972 年　4 月，作品《草原风光》参加“纪念毛主席《在延安文艺座谈会上的讲话》发表三十周年湖南省美术、摄影作品展览”。
5 月，身体不适，被确诊患“周围型肺癌”。

1973 年　3 月 28 日，因病辞世。

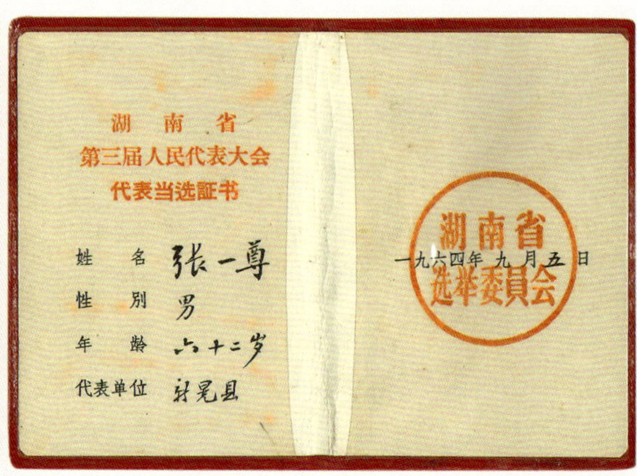

湖南省第三届人民代表大会代表当选证书　1964 年

美协湖南分会组织画家赴韶山写生合影　1964年

| 张一尊《芙蓉国里尽朝晖》1964 年

《张一尊画辑》 湖南美术出版社 1982 年

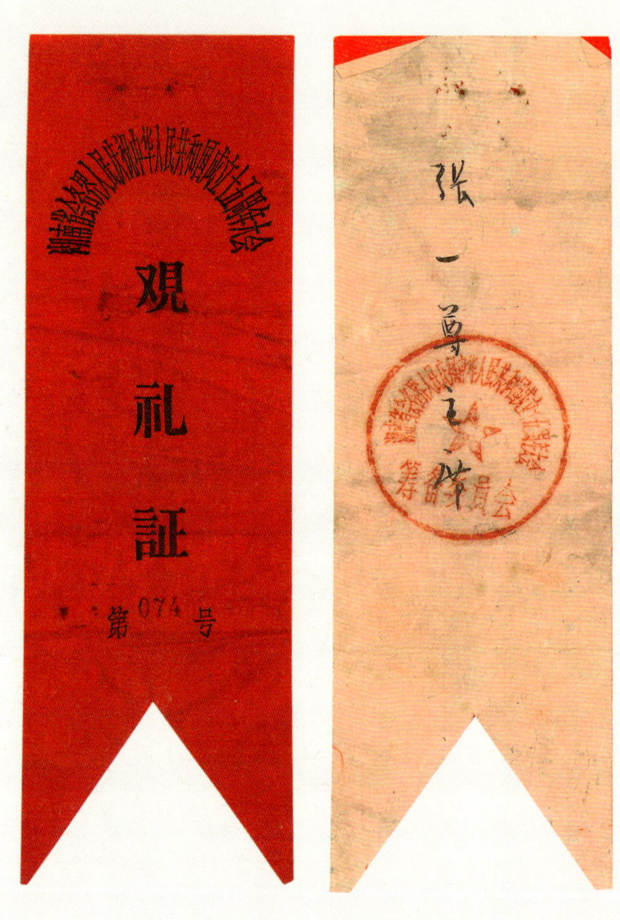

湖南省会各界人民庆祝中华人民共和国成立十五周年大会第 74 号张一尊观礼证　1964 年

目　　录

湖南人民出版社
·1964·

张一尊《江华放木》明信片
《湖南风光》 湖南人民出版社 1964 年

美协湖南分会创作组《毛主席故乡——韶山》
《年画缩样》1967 年重版

美协湖南分会創作组

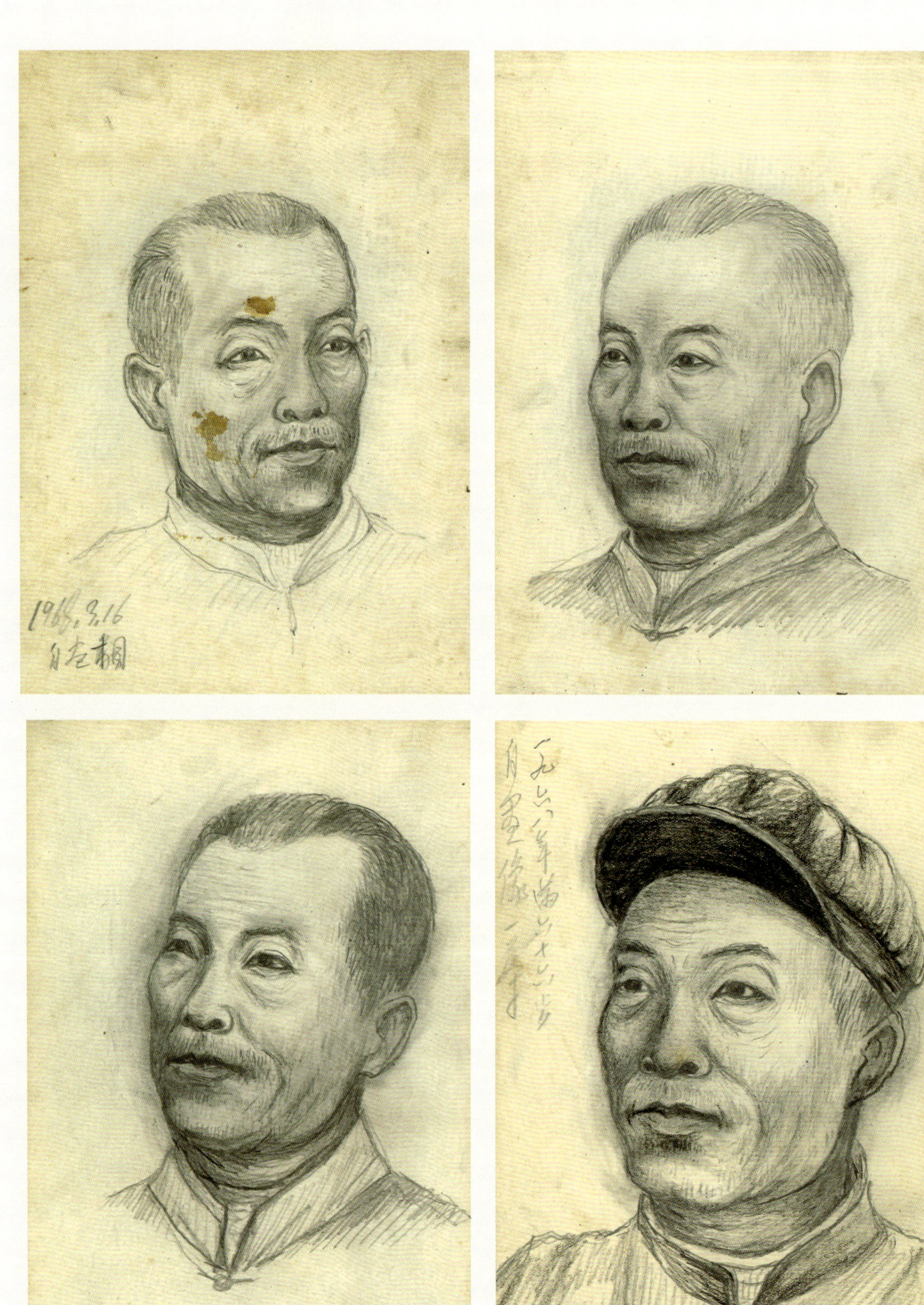

张一尊自画像

18.8cm×13.2cm×4　1968 年

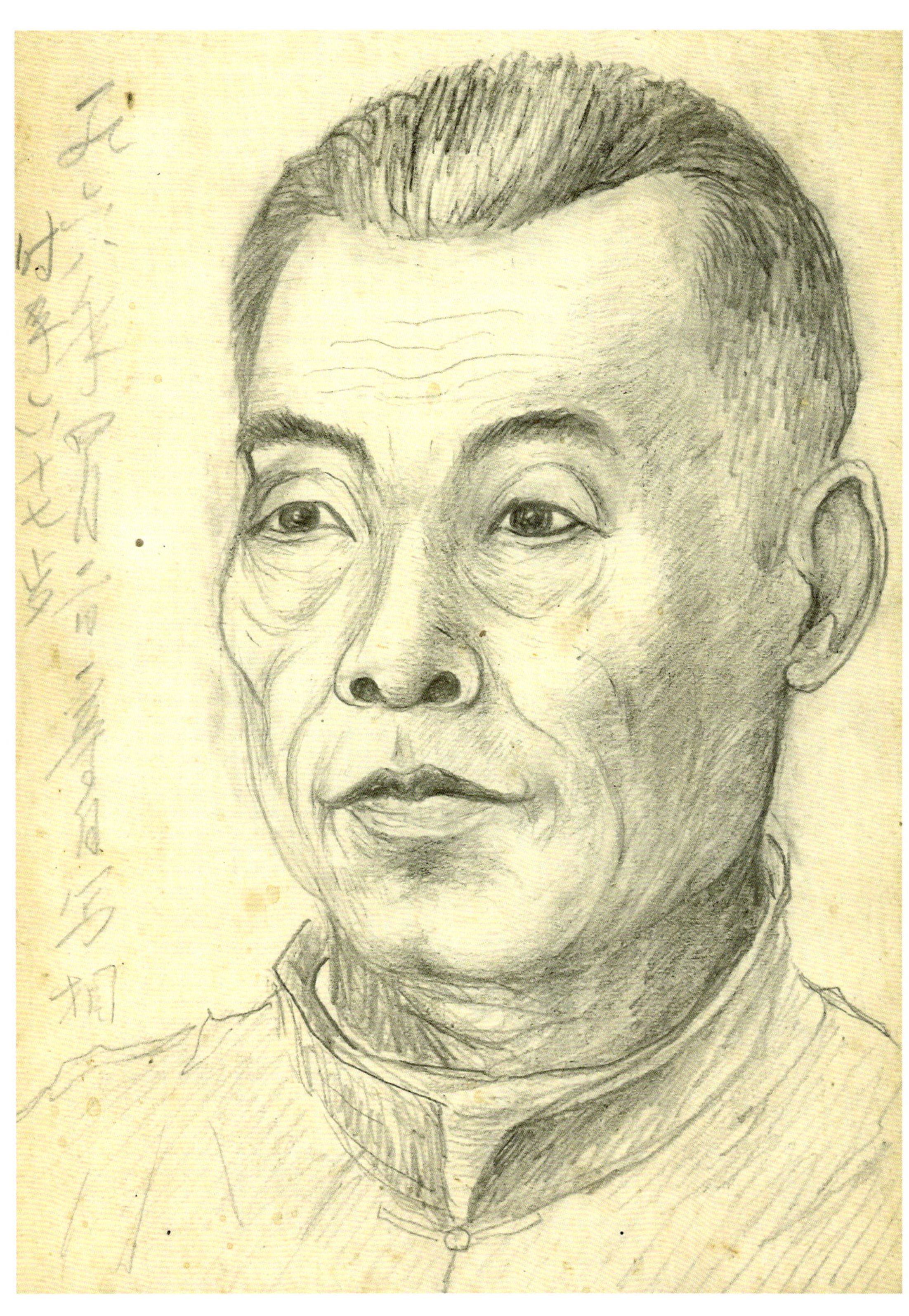

张一尊自画像
18.8cm×13.2cm　1968 年

读书阅报随录

1970年9月17日，晚间下雨。（今天小明去零陵看妈妈）

㈠、毛主席语录抄

1. 毛主席早在二十多年前就指出：“美国反动派也将要同一切历史上的反动派一样，被证明为并没有什么力量。在美国，另有一类人是真正有力量，这就是美国人民”。

2. 毛主席教导：“革命的根本问题是政权问题”

林副主席指出：“领导班子就是政权”。

3. 1960年军委扩大会议决议指出“领导干部要带头下去，深入基层，到
最多的地方，到落后的单位和偏僻的地区，亲手剖解麻雀，取得
经验”。

4. 毛主席教导说：“干部通过参加集体生产劳动，同劳动人民保持最广泛
经常的、密切的联系。这是社会主义制度下一件带根本性的大事，它
助于克服官僚主义，防止修正主义和教条主义”

5. 又说：“只有代表群众才能教育群众，只有做群众的学生才能做群众的先

㈡、耒阳县革委会主任，党代表，刘锡龄写的《到群众中去自觉改造世界观》中（湖南日报9.17发表）值得抄下来，作为学习参考的有如下几段：

1. “实践使我认识到，坐在家里总觉得自己高明，到实践中和群众一比，就
一截。所以，在群众面前，我永远是小学生”。

2. “我必须叫身体适应革命，决不能叫革命适应身体。多年来，我体会到，疾
象敌人，你软它就硬，你硬它就软，越娇越多病”。

㈢、沈阳部队某部“学习毛主席著作先锋连”党支部写的《毛主席的基本观点要反
学反复用》文章中，有如下几句抄写作为参考。

1. “毛泽东思想，就要反复
学，学深学透，多实际运用，不要学一下就过去”。又说：“一个正确的认识
要经过“实践、认识、再实践、再认识”这样多次的反复，才能完成。

| 张一尊读书笔记 1970年

心是辩证法，毛主席对辩证法运用自如，渗透一切，在每个问题上都体现了辩证唯物论的无产阶级哲学基础。"毛泽东思想全面贯串着唯物辩证法。"毛主席光辉哲学思想，即辩证唯物论和历史唯物论，是无产阶级的革命的科学的世界观和方法论，是毛泽东思想中基本的东西、基础的东西。毛主席的一切著作，不论是政治的、军事的、经济的、思想文化的，都深刻地反映了辩证唯物主义和历史唯物主义，全面地创造性地发展了马克思主义的唯物辩证法。比如：

毛主席的解放以前，第一篇《中国社会各阶级的分析》，就闪耀着毛主席哲学思想光辉。毛主席从无产阶级的立场出发，运用历史唯物主义和辩证唯物主义的观点对中国社会各阶级的情况进行了深刻的分析，彻底地批判了当时党内以陈独秀为代表的右倾机会主义和以张国焘为代表的"左"倾机会主义。

我们天天读的"老三篇"，也字字句句渗透着毛主席的哲学思想。在《为人民服务》讲了两种对立的生死观，讲了困难和光明的辩证法，讲对自己要一分为二，为人民的利益坚持好的，改正错的。在《纪念白求恩》中，讲利己和利人的对立，讲国际主义和爱国主义、政治和业务、全局和局部的关系。在《愚公移山》中，毛主席分析共产党和国民党当时正在开的两个对立的大会，两条不同的路线，两种不同的前途，两个相反的结果。毛主席还联系到当时国内外形势，分析了世界的几大矛盾，讲了主流和逆流的辩证法。

毛主席的军事著作中，如在《中国革命战争的战略问题》一文中，运用历史唯物主义和辩证唯物主义的观点，分析了中国革命战争的规律，讲了"围剿"和反"围剿"是国内战争的主要形式。在《星星之火，可以燎原》一文中，提出"敌进我退，敌驻我扰，敌疲我打，敌退我追"的十六字诀；在《论持久战》一文中关于"防御中的进攻，持久中的速决，内线中的外线"的论述，以及《目前形势和我们的任务》中所说的十大军事原则，等等，都体现了毛主席的光辉哲学思想。

毛主席《在延安文艺座谈会上的讲话》中，论述了主观与客观，存在与意识，动机与效果，阶级性与人性，实践与理论，普及与提高，文艺与政治，内容与形式，与典作，个人与群众，组织入党与思想入党的辩证关系，这是用历史唯物主义

和辩证唯物主义的观点解决问题的光辉典范。

毛主席关于社会主义建设的路线、方针、政策，如鼓足干劲，力争上游，多快好省地建设社会主义的总路线；以农业为基础，工业为主导的总方针；论十大关系，以及在工业方面大中小结合、土洋结合等一套两条腿走路的方针；在农业方面"以粮为纲，全面发展"的方针和农业"八字宪法"，都充分体现了唯物辩证法。

因此，我们只有认真学习毛主席的哲学思想，学习毛主席的无产阶级世界观和方法论，掌握辩证唯物主义和历史唯物主义，才能深刻理解毛主席著作的精神实质，才能更好地运用毛泽东思想去改造主观世界和客观世界，才能真正把活学活用毛泽东思想提高到新水平。不然的话，如果头脑里有唯心主义和形而上学，不仅不可能深刻理解毛泽东思想，而且必然会违背毛泽东思想，自觉或不自觉地犯这样那样的错误。

（二）学习毛主席的哲学著作，懂得了辩证唯物主义和历史唯物主义，才能更深刻地理解毛主席关于无产阶级专政下继续革命的伟大理论，提高继续革命的自觉性。毛主席教导我们："对立统一规律是宇宙的根本规律。这个规律，不论在自然界、人类社会和人们的思想中，都是普遍存在的。"毛主席天才地创造性地运用这个规律去观察、分析社会主义社会，系统地总结了国际无产阶级专政的历史经验，深刻地揭示了社会主义社会阶级斗争的规律，指出了："在社会主义这个历史阶段中，还存在着阶级、阶级矛盾和阶级斗争，存在着社会主义同资本主义两条道路的斗争，存在着资本主义复辟的危险性。"提出了无产阶级专政下继续革命的理论、路线、方针和政策，给我们指明了巩固无产阶级专政、防止资本主义复辟、走向共产主义的道路，并且亲自发动和领导了历史上第一次无产阶级文化大革命，从理论上、实践上解决了马、恩、列、斯没有遇到和无法解决的问题。在马克思主义发展史上树立了第三个伟大的里程碑。所以，我们学习毛主席的哲学著作，懂得了对立统一的规律，就能懂得毛主席提出无产阶级专政下继续革命理论的科学依据，真正理解社会主义社会阶级斗争的长期性、曲折性和复杂性，就能更自觉地执行和捍卫毛主席的无产阶级革命路线和政策，避免左右摇摆；就能更加坚定地

•张一尊：齐白石的艺术創作•

齐白石的艺术創作

——纪念现代偉大画家齐白石诞生一百周年

张一尊

一　张一尊《齐白石的艺术创作》《湖南文学》1964年第1期

齐白石的艺术创作

——纪念现代伟大画家齐白石诞生一百周年

今年1月是我们现代伟大画家、篆刻家、书法家齐白石先生的诞生一百周年。他生活了将近一个世纪，从来没有放松过创作劳动，当1957年9月行将与世永别之前，一息尚存，还带病画了万年青、牡丹、秋海棠等作品作为最后绝笔。

齐白石的一生，是艰苦奋斗的一生。他幼年出身贫寒，在乡拾粪放牛，作木匠，直到最后成为一个伟大的人民艺术家，这是一个极不平凡的过程。为了纪念他，兹就他的艺术特点，及其变革过程，谈谈我的看法，只是限于水平，未必言之中肯。

三个不同的时期

齐白石的第一个时期：是从民间学艺进而钻研古典绘画艺术的一个时期（从27岁到60岁前）。在这个时期内，他主要集中精力，临摹古人，博取兼收，拿到手再说。从他这一时期的作品中不难看出，他在传统绘画技法方面，已极尽工真精微之妙，虽然气势神韵，尚不能作过高要求，然而功力深邃，早已见于笔墨之间，这为后来的发展开辟了有利途径。老人只在八岁时，上过大半年村学，他克服一系列学习困难，最后达到诗书画刻四绝。从这就可以看出他一生的学习毅力，及其刻苦钻研、进行不倦的艺术劳动和创造的精神。

白石老人的天赋与毅力，是他完成一切事业的可靠保证；然而也不能说，他当时同许多诗文艺术家的交往过从，对他艺术的提高没有影响和帮助。我们就拿下面陈师曾写给他的一首诗来说，对老人的艺术变革，就起了极大的推动作用："曩于刻印知齐君，今复见画如篆文，从蚕束纸写行脚，脚底山川生乱云，齐君印工而画拙，皆有妙处难区分，但恐世人不识画，能似不能非所闻，正如论画喜姿媚，无怪杜甫讥右军，画吾自画自合古，何必低首求同群。"（见白石年谱手抄本）

第二个时期：是老人定居北京起，到解放前这30年。这是老人精力充沛，敢于大胆革新，创立自己风格面貌的30年。在这些年代里，他画的东西是多的，题材也是很广泛的，而且还画了许多古今人所不画或不敢画的东西，如算盘、柴耙、油灯、老鼠上称自称、老鼠偷油等。他画这类作品，主要是为了借物有所抒发，因而从题材和形式来讲，是新颖的；从思想性来讲，也是很高的。我们知道，老人在这一时期内所画的东西，不论山水人物也好，花鸟虫鱼也好，决不希望再从形式与手法上，吸取古人余唾，而是下定决心，从大破大立着眼，不破不立着手，最后达到自己的有破有立。这与他自撰联语"漏泄造化秘，夺取鬼神工"的精神实质，是一脉相通的。

老人的画风变革，是从定居北京后开始的。他为什么要变？我们从他后来在自印画册的题跋上，可以看出他当时对自己作品的估价。他说："余50岁之画，冷逸如雪个（即八大山人），避乡乱，窜于京师，识者寡，友人陈师曾劝其改造，信之，即一弃……"所谓"弃"，具体地说，就是丢掉原来旧的，从新建立新的。这是一次艺术变革，是必须经过激烈思想斗争的，如果不是从理论上真正认识自己作品，是由于"冷逸如雪个"，因而"识者寡"的话，是很难从思想上下定决心的。老人的这一弃，是具有特别重要意义的，既表现了他当时的决心和勇气，也体现了他的认识，"冷逸"，实际上就是脱离人们思想感情的具体表现，不改变，是不行的。

上面所说的变，只能说是老人从原来工真形式改变为粗犷形式的开始，后来由于看过很多古人的名迹，结识了很多良师益友，尤其吴昌硕的所谓"作画不可太着意于色相之间"，"奔放处要不离法度，神微处要照顾气魄"，"作画要凭一股气"，以及石涛所说的"法自我立"，这些名言，对老人的理论认识，有了很大帮助和提高；尤其在形与神的问题上，更加有了深入体会，为尔后的不断再变，增强了信心。他说："余画数十年，未称已意，从此决定大变，不欲人知，即饿死京华，公等勿怜，乃余或可自问快心时也。""获观黄瘿瓢画册，始知余画犹过于形似，无超凡之趣，决定大变，人欲骂之，余勿听也，人欲誉之，余勿喜也。"

我们从他上述两段话来看，老人这次的再变，是从形似到神似之变；也就是从过去的"过于形似"，如何通过艺术形象的表达，"在似与不似之间"，求得形与神的统一——形神兼备。很明显，老人的所谓"不似"，正是为了要求极似，只不过不仅仅满足于对象外表形象的逼真，而是着重在捕捉对象的精神实质，及其动态特征，因此它与一般的写生素描，是截然不同的。

白石老人的变，是活到老，学到老，变到老的。为了进一步达到造形艺术的概括，他在改进画虾的过程中，曾经有意识地把几只小足删掉了，再添上几条生动活泼的短须，他在一幅画虾（虾画）上这样说，"余之画虾已经数变，初只略似，一变毕（逼）

真，再变色分深浅，此三变也”。由此可见，老人之变，是没有休止的。

老人的变革，并不是一帆风顺的，当时就有不少的人认为他是木匠出身，不学无术，也有很多自封为正统派的，指责他的画是“左道旁门”，是“野狐禅”。所有这些流言蜚语，对当时的老人来说，是极尽污蔑之至，然而他并不因此而有所动摇，相反的他和这些人在作坚决的斗争，并坚持了自己对艺术的独特见解：“画家不要以能诵古人姓名多为学识，不要以善道今人短处为己长，总而言之，要我行我道，下笔要我有我法。”（1943年为画展题词）

第三个时期：是解放后到他逝世前的一段时间。这个时期，是他“点石成金”，“技也进乎道矣”的一个最后阶段。这对老人来讲，是具有划时代意义的。在这八九年间，假使承认老人还在变的话，那就是表现形式和手法上的炉火纯青，和创作思想更见激情奔放。这并不难于理解，老人是一个真正的劳动人民出身的艺术家，以往受尽了阶级压迫，好容易才盼到正如他的“词”所说：“城郭未非鹤语，菰蒲无际烟浮，西山犹在不须愁，自有太平时候。”正由于解放后，党和毛主席对他的关怀备至，在这种精诚感召下，他的创作热情，格外显得旺盛，他画太阳、白鹤、古松，他画百花齐放，画和平颂。所有这些，都具体表现了他对党和毛主席的热爱和对新社会的歌颂。正由于他具有“胸罗万象，造化在手”之功，因而越是晚年，他的作品越见“敲骨吮髓”，“神而化之”，一代大师，唯老人当之，应无愧色。

四个特点

一、情感丰富，能动地反映生活：人们都很喜爱老人的画，因为它题材广泛，广泛之中却又很平易近人，虽所画的，都是生活中常见的，而且是很平凡的，但一经作为画题，却又感到极不平凡，比生活更见美丽，更为可爱。这种艺术魅力，是从那里来的？这是老人正确运用了艺术规律，能动地反映现实生活的结果。因此他不管画一只小鸡、一个青蛙，或一花一叶，都有他自己的思想感情在里面起作用。正是作者在未落笔之先，已把它“诗”化了，所以表现于艺术形式的，不单纯只是对象的可视形象的再现，而是艺术的“人格化”的表达，因而它能给欣赏者以有味可寻，增加人们对它的喜爱。本来越是平凡的东西，越易落于俗套，不可想象，如果老人画“老鼠上称自称”，画“老鼠偷油”，只是为了画鼠而画鼠，而不是有意识地揭露老鼠的狂妄与狡黠，这就没有什么值得可贵了。老人独于这些方面，发挥尽致，这是与他平日对生活的深入钻研，和对事物的微妙观察分不开的，这就是老人作品为什么能“引人入胜”的力量源泉之所在，和思想感情源泉之所在。

二、简括明快，以少胜多：画繁很难，画到繁而不可再繁，繁而不乱更难，画简不易，画到简而不可再简，简而不单薄尤为不易。老人是以简取胜的，这是形成他的风格流派的一个主要因素和特征。简是从繁里面提炼出来的，是沙里淘金，是钢梁磨绣针的结果，因而它表现于艺术效果的，必然是简练和简括，而不是简单和草率，尤其表现于笔墨构图上的简括，不等于对待生活认识的简慢，和对创作构思的简单化，相反的，正是为了艺术造形的简洁练达，必然不可避免的还要在生活探索和创作构思等方面付出许多劳动，才有可能达到画里有画，画外有意。老人用笔的简，正说明他用意的繁，和对生活认识的深。他从来没放弃过写生与写意相结合，所以他说：“善写意者专言其神，工写生者只重其形，要写生而复写意，写意而后复写生，自能形神俱见，非偶然可得也。”有人说，齐白石以天才胜人，我并不反对这样说法，但是天才毕竟是劳动的积累，不通过艰苦劳动是不行的。

三、以民间美术为体，以古典绘画为用：民间艺术的优点，在于淳朴厚重、平正结实，富于装饰趣味，然而也常常因此而显得它在表现形式上的笨拙。白石老人以往学过民间美术，因而他保留了一部分这些特点和趣味，为他风格面貌增加了异彩。所以他的作品，总是耐人寻味，百看不厌。同时我们也知道，传统古典绘画，主要在于灵巧，然而也常常由于追求灵巧，而失去了它的朴实厚重，相反而来的是矫揉造作，轻佻浮滑，老人在这些方面是有独见的，所以他在提山水画中，就很明显地说出：“山水笔墨要巧拙互用，巧则灵变，拙则浑古，合乎天，天之造物，自无轻佻溷浊之病。”正由于他深刻认识了巧与拙的相互关系，所以他用拙来制巧，用巧来化拙，以拙为体，以巧为用，因而也就形成了老人作品中的拙中生巧，巧中藏拙，极尽巧拙互用之能事，这就是他把民间美术与古典绘画融而化之的一大贡献。不仅他的画如此，就是他的书法、篆刻、诗亦复如此。

四、能师善变，借古以开今：老人作画，从比较远的说，他是师石涛、八大和扬州八怪各家，从较近的说，是受影响于吴昌硕、陈师曾，因而从风格面貌来看，好象（像）并没离开上面诸前辈的道路，然而却又不能因此而认为白石老人的道路，就是他们那一家的现路，事实证明，他们所画的题材内容，并无多大区别，但是老人的画，毕竟是以自己的风格面貌出现，有他自己的精神实质和制作方法，为上述任何一家所不能代替。假使说有相近之处的话，也只能说，老人把他们各家之长，加以融化：充实有所提高。更具体的说，就是把传统的精华，通过消化整理，归纳为自己所有，而加以发挥尽致，使民族形式更见完美，更为集中概括，更富于典型性。所以有人说，齐白石的画，是现时代的崭新风格的典范，我很同意这个讲法，因为它具体体现了我们今天的伟大时代精神面貌，表现了劳动人民的思想感情，代表了我们数千年来的文化传统和我们伟大民族的坚强不屈的斗争性格。然而也不可设想，如没有前辈艺术家的成就与影响，而能凭空产生今天的伟大齐白石。这是一个极为重要的问题，也就是如何继承与发展的问题，也就是如何取精华而去糟粕的问题，白石老人在这些方面，已为我们树立了很好的榜样。他是主张能融汇众流，吸取各家精髓，唯其能师善变，所以方能“借古以开今”。

齐白石的画受到广大人民如此喜爱，因为他的画是道道地地的中国画，是民族形式的继续与发展。这是一代艺术典范，我们要学习他，就要从这些方面着眼，从这些方面下手下决心。

张一尊与夫人、小女儿合影 1971 年

朋儿：来信收到很久了，因为长沙近20天以来住家户一直没有电灯，白天学习没空，因而没有时间给你写回信。今天是星期日没学习，所以才替你和妈妈回信。

关于王芙蓉方面，■至今还没接到她的回信，究竟有没有办法转社，以及她是否作了进行都不得而知。假使接到她的回信，我会写信告知你的。妈妈最近托人带来了一个口信说，可能9月底或10月初回长探亲，她是不是告诉你了？我认为你能抽空回来一趟也好，不仅父母女儿可以团聚一下，而且你还可亲自去王芙蓉那里看看究竟能不能想办法？有就更好，不行的话，也好另外打主意。接信后希望你仔细考虑一下，第一能不能转编？第二会不会影响工作？第三要不要寄路费？盼来信告知。

如果决定回的话，养的鸡能卖就把它卖了，尤其五个小公鸡更没有保留必要。或者杀吃了也好。假使有可靠的人能代你照料一个短时间，不卖不杀也可以。

长沙三个月以来一直没有烤烟供应。抽纸烟太不合算。如果发现有卖的话，替我买三两斤带回也好，没有就算了。但要采好的（颜色淡黄，叶子比较宽大的）听说靖港市有卖的。再者白糖如果有卖的，也可以顺便买斤把子带回来。

湘印 71.4.

装

订

线

关于调工的问题，我看最好不必去考虑它。真的有调，但把你调到距长沙很远很远的地方，你未必乐意去。倒如到同机的女儿最近调去吉首，又将怎么办呢？因为不作考虑，就不会感到烦恼。正如你■以前写信所说：“半两三年之后再说”，我认为这是对的。因此婚姻问题暂时不谈，我认为也是对的。因为一谈，就不免自缚住了脚手。你姐姐就是个先例。

收音机已修好取回家了。大概要补小资5—6块钱配零件的费用。（声音不小，只不像以前那样清脆好听，其中常有杂音。）

白云亭那里以后再有信写给他的话，一定接受你的意见“直接寄给他本人”。因为第一封没那样作，就是由于不了解他的政治情况。现没有什么问题就无所顾忌了。

你的原信，我已寄给妈妈去了，因为写得好，有感情的缘故。

再报你一个好消息，姐姐已找到了韭菜园小学的代课老师工作，从9月1号起去正式上课，大概30元一月的工资（教美术），是徐文治同梅老师推介的。教得好的话，将来可以转正。刘莉由妈妈带。白天在刘法山家里带，晚上送回家。这样他们家里可以不必开火了，因学校可以搭伙。

我身体比以前要好多了，勿念。顺询

你好！

爸 8.29.晚11时

湘印 71.4.

| 张一尊写给小女儿的信 1971年

| 张一尊在作画

1	2	3	4

黄埔画星——张一尊

高教班八期 陈扬汉

被誉为现代画坛画马大师四杰之一的张一尊同学，虽辞世已经十四周年了，但他的许多往事，使我至今难以忘怀。

1941年底，他在成都陆军军官学校高等教育班第八期毕业。这个班共有学员七百余人，大多来自抗日前线，招收的学员都是少校至少将级的军官。张一尊原任第73军77师补充团团长，入学不久即调充上校附员。这些学员都是带职带薪受训的，他每月的上校薪俸收入是旧法币120元。毕业后返回部队的川资还没有发下来。这时，一尊同学心如火焚，后经几个湖南籍同学研究，知道他有高超的绘画技艺，建议他举办一次个人画展，以解决燃眉之急。张接受了大家的意见，在同学的协助下，他不分日夜，争分抢秒，挥毫作画。他的作品以马为主，花鸟山水为辅。不久，他的画展在成都拉开了序幕，每张画的标价是200至600元不等，所有展品，几天时间就订购一空，共获得法币一万九千余元，折合银元约两千余元，不仅解决了他个人的旅费，还资助了其他经济紧缺的同学。这次画展之所以引人注目，不仅是画师的精湛画技，更重要的是军校毕业的一位国军团长。舞文弄墨乃文人之事，武官泼墨作画，实属罕见，局外人岂知其中奥秘？

张一尊原名铁[illegible]，湘西土家族人，1902年出生于湖南乾城（现吉首）司马溪一个农民家庭，七岁入学就喜欢画马，中学毕业后，受孙中山先生革命思想影响，毅然投笔从戎，历任国民革命军排、连、营长、参谋、科长等职，旋即离开部队潜心研究绘画。抗日战争爆发后，为了挽救民族危亡，他再重操旧业，在湘西收编了一部分杂牌武装，被任命为保安第六旅十一团团长，开赴江西前线抗日，后改编为第73军77师补充团，先后在江西铜鼓、湖南澧县以及湖北松滋等地担负抗日任务。新中国成立后，受聘为湖南省文物保管委员会委员，五三年担任省人民政府参事室参事，并选为湖南省美术工作者协会主席和一、二、三届省人民代表。由于党的重视和培养，他热爱社会主义，经常跑赴省内外名胜区写生，尽情反映新中国的新面貌，深得党和人民的赞许。七五年因病逝世，终年73岁。张一尊同学虽然离开我们已经多年，但他留下的丹青遗作将广为流传。

车站迎接。不久，又在县城广场举行了千余人参加的追悼会。国民政府主席林森、军事委员会委员长蒋介石、监察院院长于右任以及国民党军政要人何应钦、孔祥熙、李济琛、孙科、邵力子、程潜、汤恩伯等六十多人送了挽联、挽词。

林森的挽词是：“褒军完忠”。

蒋介石的挽联是：“善战久知名，迈冀纸赋推猛士；临危能受命，好将浩气报军魂。”

国民政府为了表彰罗芳圭的功绩，追赠为陆军少将，入祀南岳忠烈祠。

1938年12月26日（农历十一月初五日），罗芳圭的灵柩安葬在今[illegible]县[illegible]家湾（[illegible]乡）。

三湘子弟罗芳圭，精忠报国，挥戈长城内外，杀敌大河南北，屡建奇功，他不愧为光昭史册、令人崇敬的烈士！

（后记），“四大名团”即卢沟桥打响第一枪的吉星文团，扼守南口的罗芳圭团，夜袭敌机场的陈锡联团和固守孤军的谢晋元团。（[illegible]）

20

1. 陈扬汉《黄埔画星——张一尊》
《湖南黄埔》1988 年第 2 期

2. 张一尊先生传略
（撰文：颜家龙，书丹：王超尘）

3. 一尊亭落成典礼请柬

4. 一尊亭落成照片

1980 年　4 月，由湖南省文化局、省文联举办的“湖南已故画家作品展览”在长沙举办，共展出张一尊、邵一萍、汪仲琼、雷恭甫、黄遐举、喻莘农等 12 位已故画家的遗作。
5 月 30 日，《湖南日报》“长岛画廊”板块刊登“湖南已故画家作品展览选刊”。
8 月，舟工《张一尊画马》刊载于《湖南日报》6 日第 3 版。

1981 年　6 月，《随意挥毫到白头——张一尊作品选登》专题刊登于《民族画报》1981 年第 6 期。

1982 年　5 月，已故老画家“张一尊、黄肇昌、邵一萍和翟翊遗作展”在长沙举行。
12 月，《张一尊画辑》由湖南美术出版社出版。

1985 年　是年，秦明道《张一尊老师教我学画》刊载于《湘西文史资料》1985 年第 4 辑。

1988 年　2 月，陈扬汉《黄埔画星——张一尊》刊载于《湖南黄埔》1988 年第 2 期。

1990 年　是年，吴佩君《张一尊奋斗的一生》刊载于《湘西文史资料》总第 17 辑。

1991 年　11 月，“一尊亭”在湘西德夯土家苗寨落成。碑亭正中“一尊亭”匾额石刻由黄永玉题写，正面两侧“抚剑长吟，请缨愿夺三军帅；挥毫起舞，画马能传千里神”对联由颜家龙撰书，亭内碑刻“张一尊先生传略”由颜家龙撰，王超尘书写，王家齐刻石。
是年，韩正华《画马“四杰”张一尊轶事》刊载于《吉首文史》1991 年第 1 辑。

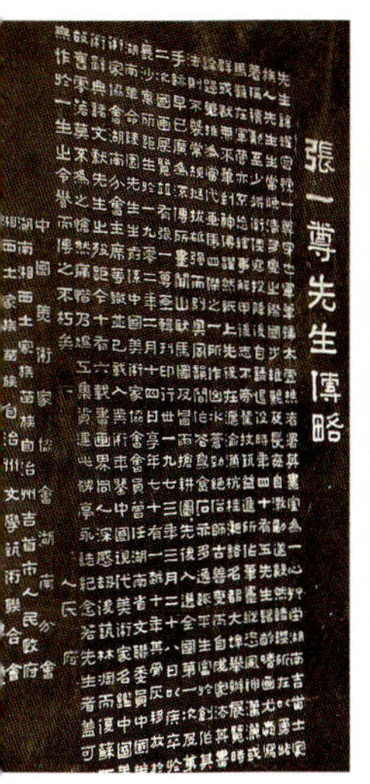

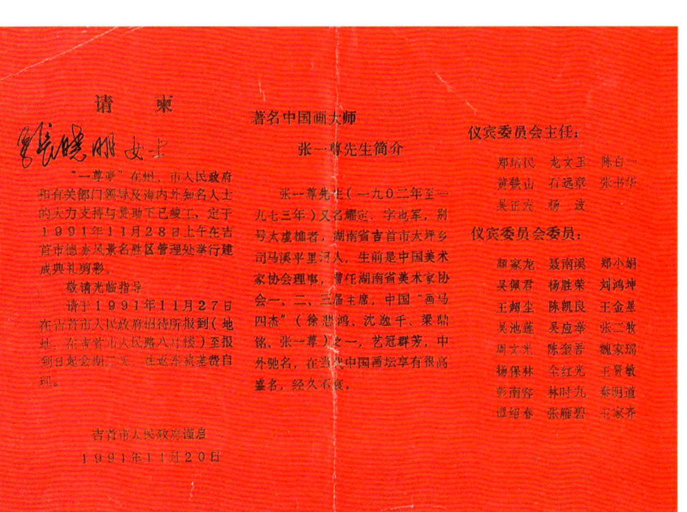

请柬

（手写）女士

"一尊亭"在州、市人民政府和有关部门领导及海内外知名人士的大力支持与赞助下已竣工，定于1991年11月28日上午在吉首市德夯风景名胜区管理处举行建成典礼剪彩。

敬请光临指导

请于1991年11月27日在吉首市人民政府招待所报到（地址：在吉首市人民路八井楼）至报到日起会期二天，往返车旅差费自理。

吉首市人民政府谨启

1991年11月20日

著名中国画大师

张一尊先生简介

张一尊先生（一九〇二年至一九七三年）又名耀定，字也军，别号太虚樵者，湖南省吉首市太坪乡司马溪平里河人，生前是中国美术家协会理事，曾任湖南省美术家协会一、二、三届主席，中国"画马四杰"（徐悲鸿、沈逸千、梁鼎铭、张一尊）之一，艺冠群芳，中外驰名，在当代中国画坛享有很高盛名，经久不衰。

仪宾委员会主任：

郑培民　龙文玉　陈白一
黄铁山　石远章　张书华
吴正大　杨　波

仪宾委员会委员：

颜家龙　聂南溪　郑小娟
吴佩君　杨胜荣　刘鸿坤
王超尘　陈凯良　王金星
吴池莲　吴应举　张二牧
周文光　陈奎善　魏家瑞
杨保林　金红光　王贤敏
彭南容　林时九　秦明道
谭绍春　张雁碧　王家齐

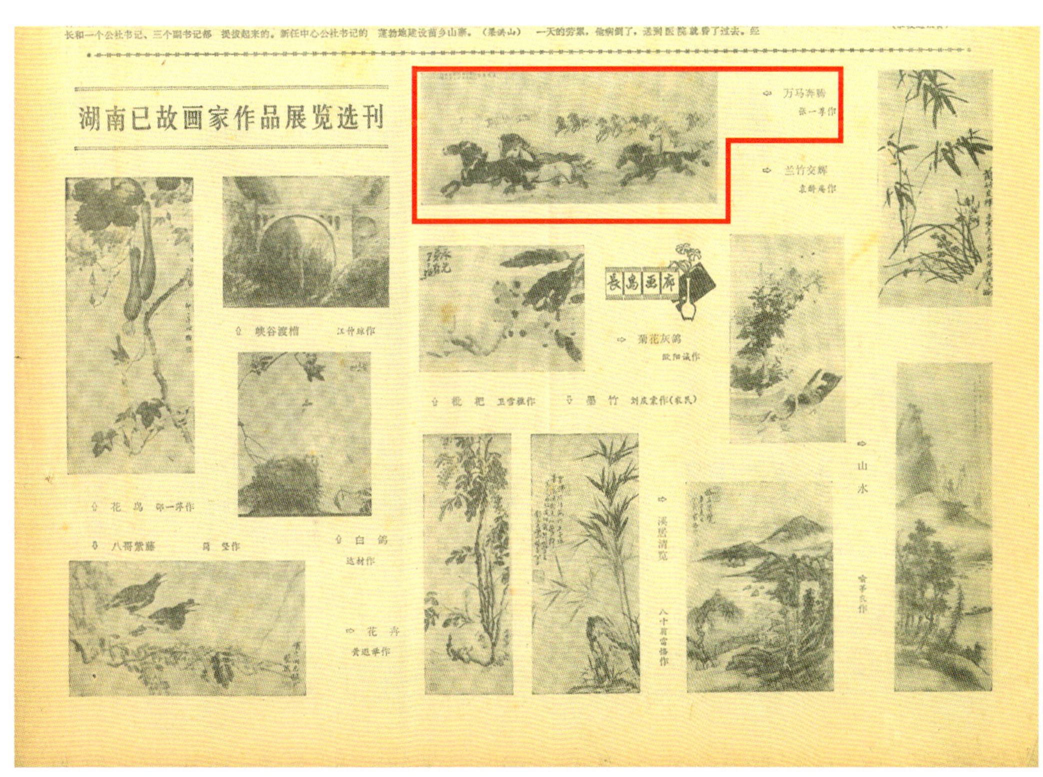

湖南已故画家作品展览选刊

万马奔腾　张一尊作

兰竹交辉

峡谷渡樯

花鸟

八哥紫藤

白鹤

花卉

枇杷

墨竹

菊花双鸽

溪居清夏

山水

湖南已故画家作品展览选刊

《湖南日报》1980 年 5 月 30 日

张一尊，号一心居士（1902年—1973年），湖南吉首土家族人，中国美术家协会会员，生前任湖南省美术家协会主席，湖南省一、二、三届人民代表大会代表。三十年代张先生即以画马著称。1946年在上海举办个人画展，报刊上称他为画马“四杰”之一，有的直称“马杰”。李健吾、熊佛西等名作家都曾为他的展览写过评介文章。山水花鸟，造诣亦深。解放前后在南京、重庆、成都、杭州、武汉、长沙、桂林、柳州举办过个人画展。

解放后，张一尊先生因感党的知遇之恩，创作热情更加高涨，不畏艰苦，深入内蒙古草原，湘西山寨，江华林区，韶山灌区，衡山、醴陵和岳阳的毛田等地体验生活，创作了不少好作品，有的参加了全国美展（其中一部分作品，中国美术馆、湖南省博物馆收购珍藏）。

张先生在艺术上非常重视深入生活，师法自然，他在题《草原游牧图》有诗云：忆昔呼伦贝尔游，万千马群眼中收，草堂（注）不惯抄成稿，随意挥毫到白头。并有“草原万马是吾师”的闲章。这些都能说明其艺术创作的主张。他的作品构图严谨，笔力雄健，寓书法用笔于绘画，堪称名副其实的“写意”。

……张先生……身患肺癌……仍坚持作画，他说“人生自古谁无死！越是快要到最后的时刻，越要抢着做些未竟的事业”。足见其对艺术的坚贞。临终时还嘱咐家属“一切听从党安排”，这又可以说明他对党对人民的热爱。

这里选登他的几幅遗作，借以表示我们对这位少数民族老画家的怀念。

注：草堂——张一尊先生把他的寓所名为一心草堂，自己亦称一心居士。

（澍群 颜家龙撰文）

“随意挥毫到白头——张一尊作品选登”专题
《民族画报》1981年第6期

随意揮毫到白头

——张一尊作品选登

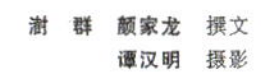

谢　群　颜家龙　撰文
谭汉明　摄影

画家张一尊在作画。

张一尊，号一心居士（1902 年——1973 年），南吉首土家族人，中国美术家协会会员，生前任南省美术家协会主席，湖南省一、二、三届人民表大会代表。三十年代张先生即以画马著称。946 年在上海举办个人画展，报刊上称他为画马四杰"之一，有的直称"马杰"。李健吾、熊佛西等作家都曾为他的展览写过评介文章。山水花鸟，诣亦深。解放前后在南京、重庆、成都、杭州、汉、长沙、桂林、柳州举办过个人画展。

解放后，张一尊先生因感党的知遇之恩，创作情更加高涨，不畏艰苦，深入内蒙古草原，湘西寨，江华林区，韶山灌区，衡山、醴陵和岳阳的田等地体验生活，创作了不少好作品，有的参加全国美展（其中一部分作品，中国美术馆、湖南博物馆收购珍藏）。

张先生在艺术上非常重视深入生活，师法自然，在题《草原游牧图》有诗云：忆昔呼伦贝尔游，万马群眼中收，草堂（注）不惯抄成稿，随意挥毫到头"。并有"草原万马是吾师"的闲章。这些都能明其艺术创作的主张。他的作品构图严谨，笔力健，寓书法用笔于绘画，堪称名副其实的"写意"。

在"四人帮"横行、张先生遭受迫害时，身患肺、得不到应有的治疗，仍坚持作画，他说"人生古谁无死！越是快要到最后的时刻，越要抢着做未竟的事业。"足见其对艺术的坚贞。临终时还嘱家属"一切听从党安排"，这又可以说明他对党对民的热爱。

这里选登他的几幅遗作，借以表示我们对这位数民族老画家的怀念。

注：草堂——张一尊先生把他的寓所名为一心草堂，自己亦称一心居士。

独奔。

新生。

万马奔腾。

吕洞山云海。

同志：

中国美术家协会与日本天明堂印刷所商定出版中、日文《中国现代美术家名鑑》一事，目前正在组稿中。年鑑中附有作者代表作品一栏，现决定选拍和推荐您的作品。

具体办法如下：

1、您如能提供原作彩色照片最好，并望注明标题，创作年月，尺寸。

2、如作品尺寸较小又由您自已收藏者，可否寄给我们拍照？拍照后即寄回。

3、如曾在公开刊物或画册中发表，而印刷效果又较好者，可否寄给我们一份印刷效果较好的复制品或告知刊物、画册名称，以便翻拍。

通迅地址为：北京中国美术馆内中国美术家协会转《中国现代美术家名鑑编辑组》。因截稿日期迫切，务请于九月底以前寄到为盼，如逾期收不到，我们就另作安排。

如需我们前往您处拍照，也望您在收信后立即来信告之。

专此

敬礼

中国现代美术家名鑑编辑组

一九八〇年八月二十五日

同志：

术家协会与日本天明堂印刷所商定出版中、日文《中国现
鉴》，自六月份开始成立了《中国现代美术家名鑑》编辑
受美协的委托负责《名鑑》的编辑工作，出版工作由日方
准备编辑第一集，（明年初出版）将介绍包括您在内的八
术家（出版后将赠送给您一集）。因此，希望您能提供下
附表一份）
身照片一张；
包括原名、字、号、笔名等）。
生别。
月（一定要写明那月出生）
省、县（非直辖市一定要写明县份）
史经过：如那个学校毕业或向那位画家学习等。
动：参加过那些展览？有那些代表作？有否得过奖？出版
作品、文章、专集？担任过那些美术组织工作等。
担任职务：指与美术有关职务、职称包括社会上的职务，
如各地分会职务、文联和各地文联职务，各种画会的职务
市以上的政协、人民代表等职务。
料，务求准确，简要，文字要求不超过三百字。由于合同
间很紧，因此，希望您能把上述材料于七月底以前寄到北
术馆内中国美术家协会转《中国现代美术家名鑑编辑组》，
。

致

中国现代美术家名鑑编辑组

一九八〇年　　月　　日

中国美术家协会

《中国现代美术家名鉴》邀请信　1980 年

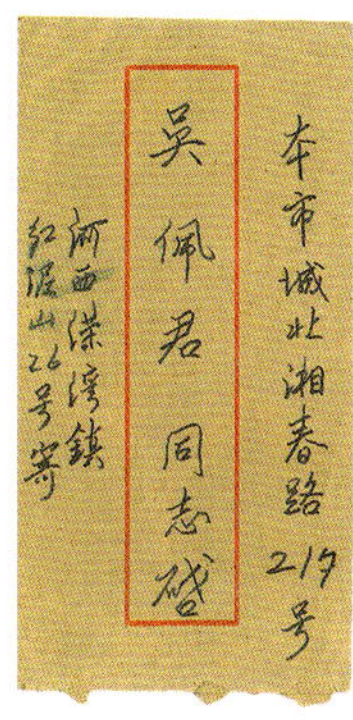

佩君贤嫂：

多日不谋面，正想念间，奉读手书，乃悉月初赴桂林小住兼旬回长。桂林风物幽美，前往游览，襟怀自当大快，健羡不已！

晓明侄现已参加临时工作，甚为欣慰！

石昌明数月无来信。据闻今年广交会彼未参加，近况如何，亦无从获悉。关于一尊兄作品，尚未归还，于情理似太不合。我最近拟去函，便中当代为一询究竟也。

数日后定当奉候。先此布复，并颂

起居百福！

周达 四月卅日

周达致吴佩君的信

| 张一尊夫妇与官布合影 1954 年

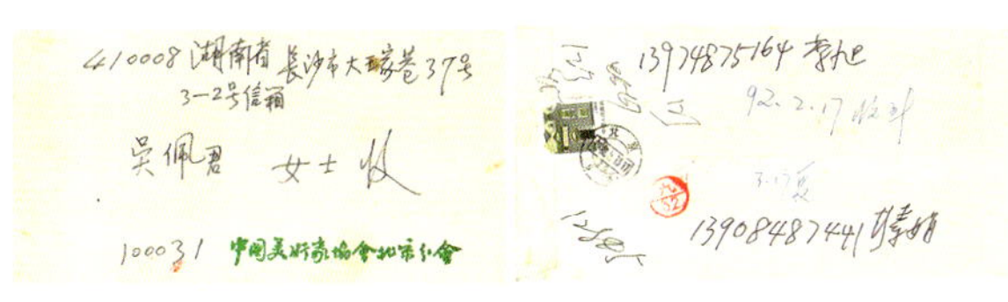

中国美术家协会北京分会

吴佩君同志：

阔别三十八个春秋，春节前夕突然收到您的来信，真是喜出望外，高兴极了。前些年我每当湖南朋友来我都打听您的情况，但是只是知道您老还在，不知您在何处，总之说不出具体地址。所以，这次收到您的信，十分高兴，且思绪万千。

日后一定想法找机会到长沙来拜访。

一尊老先生德高望重，对湖南美术事业有非凡贡献，得知"一尊亭"修建落成，表示衷心祝贺。

关于一尊先生是否送给乌兰夫和内蒙古博物馆的画，在我印象中有此事，但是具体情况我不太清楚。至于给乌兰夫送什么画更不知了。

请您去信询问内蒙古呼和浩特市委宣传部。不！我想起来了，乌兰夫的夫人云丽文同志还活着，她是

中国美术家协会北京分会

全国政协委员，您写信给她，由全国政协转交她询问此事，她会给您明确答复的。或者您女儿陈晓明同志来北京后打听乌兰夫夫人住址去拜访了解详情。

我们去年又搬新居了，住址：北京前门西大街97号207室，电话6015693，邮编100031

何时来北京，欢迎来家里畅谈。

顺祝您老健康长寿！

新年过得好！

官布于北京

1992年2月12日

官布致吴佩君的信 1992年

陈白一题“中国画大师张一尊先生遗墨展览”

中国人民政治协商会议全国委员会

一尊亭落成纪念册

一尊亭落成纪念册

启功题

| 启功题“一尊亭落成纪念册”

张一尊奋斗的一生

吴佩君

幼 年 爱 马

张一尊在家排行第三，学名耀定，1902年2月14日（阴历正月初七日）出生在乾城（今吉首）司马溪平里河村。这个村子座落在群山叠翠之中，村前是河，伴山而流，赤脚可涉水而过；村后是山，树林茂密，浓荫蔽天，非常僻静。这里山青水秀，风景如画，引人入胜。村里的住户，差不多全是土家人。

他的祖父张学启，系清末秀才。父亲张成谋，一生务农，为人忠厚慈祥，仅靠几亩梯田自耕自食。母亲姚氏，生育子女8人（夭折了4人），贤德能干，对子女教育颇严。

张一尊6岁时就和小伙伴们下河洗澡，摸鱼捞虾，上树寻雀儿窝，找鸟蛋。他与别的孩子不同处是酷爱画画，尤其爱画马，有时就在河坝坪的沙滩上，用柴棍子画马、画牛、画鸡。

7岁入私塾，常常用墨笔在手掌上画马，在手指头上画马头、马脚，结果弄得满手是墨，同学们就戏称他为“马客”。

村边有一座用马拖滚子的碾坊，他常常跑到那里去玩，仔细观察马的动态。没人碾米时，碾坊主人牵马去放，他就伸手去摸马头，可是人太矮摸不着，于是就要碾米的伯伯扶他上马去玩。

说也怪，这马也喜欢他，对他打着响鼻，尾巴甩得挺欢。当

1

| 吴佩君《张一尊奋斗的一生》
《湘西文史资料》1990年总第17辑

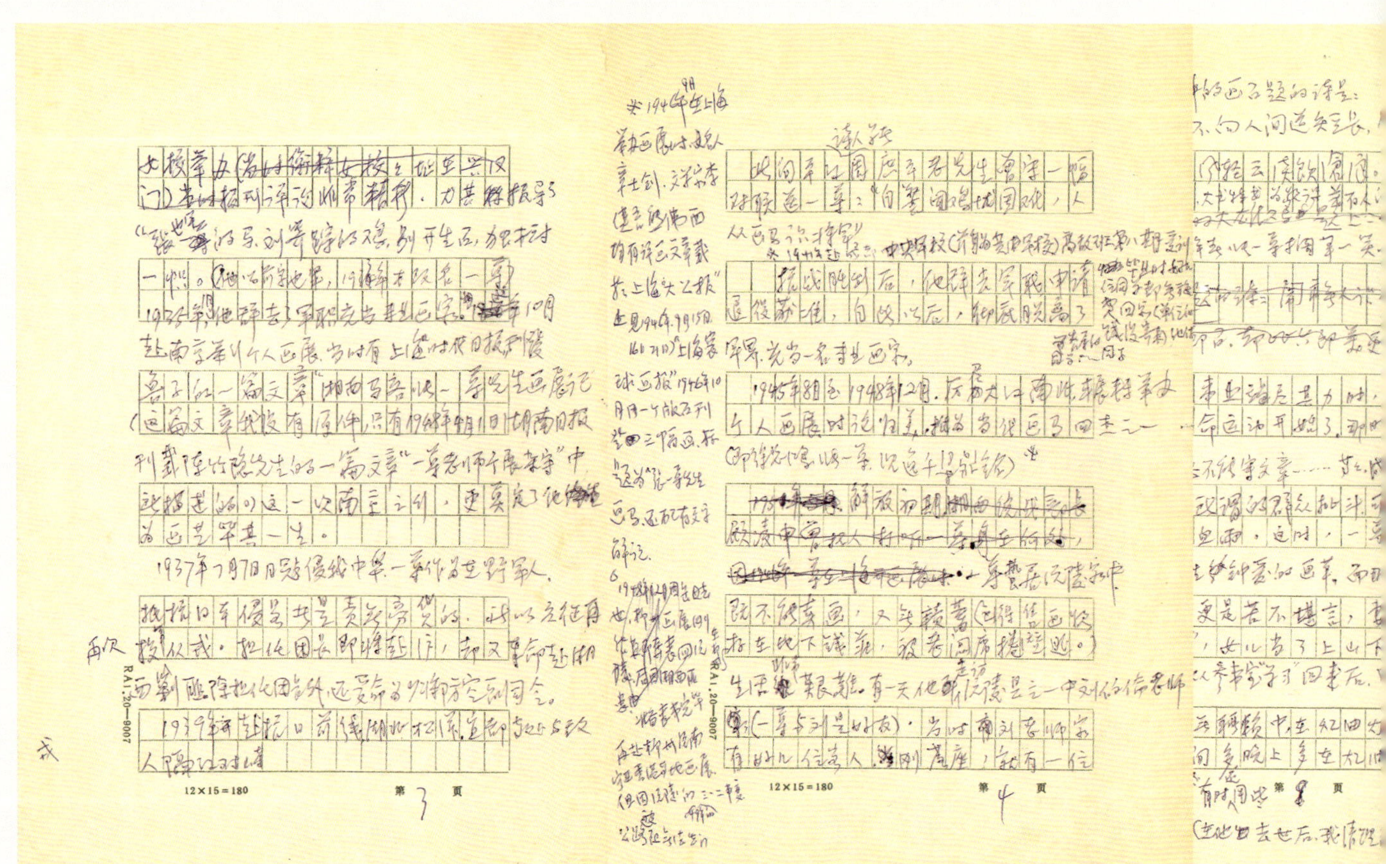

| 吴佩君《张一尊奋斗的一生》文章手稿

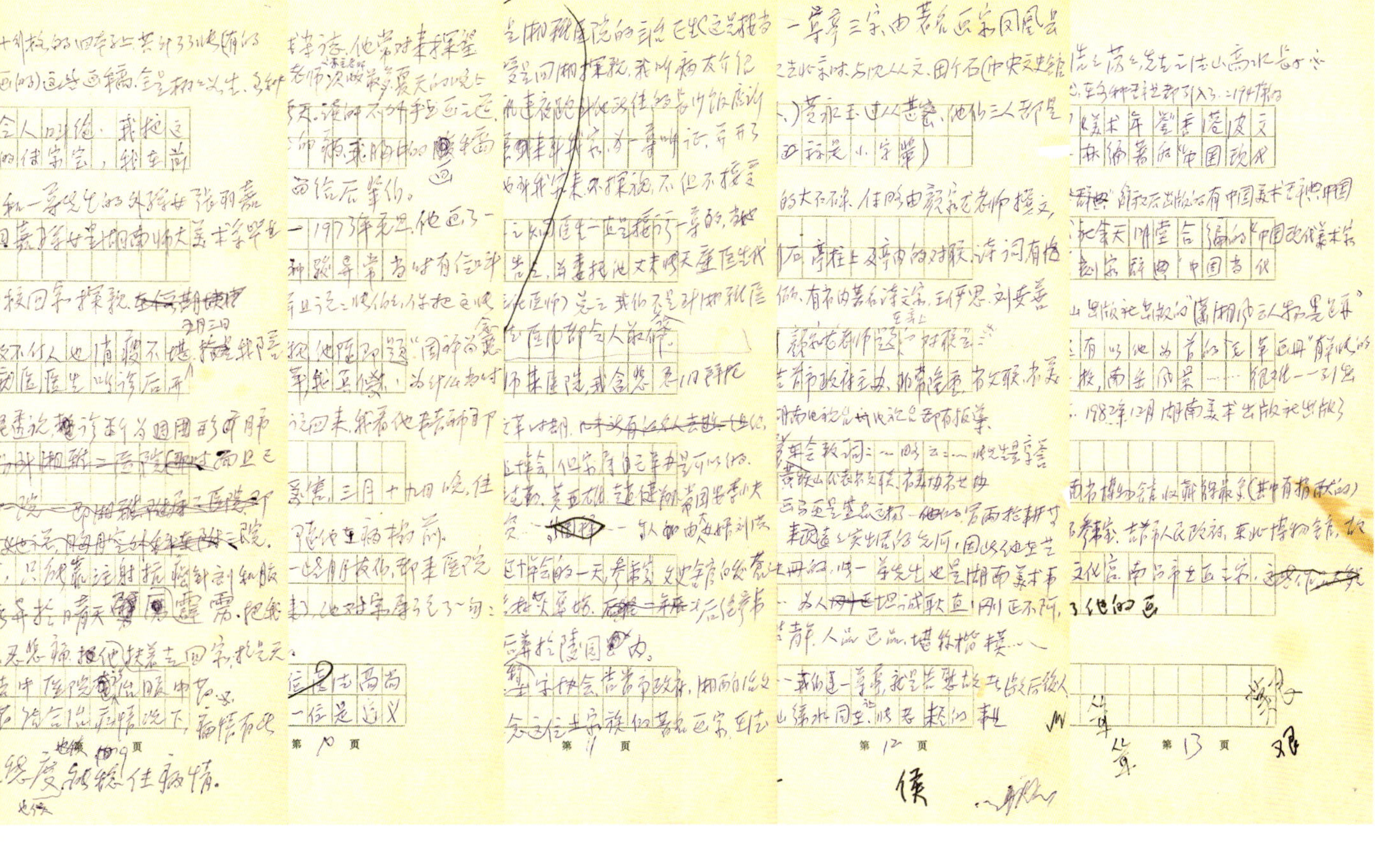

《张一尊画辑》
湖南美术出版社 1982 年

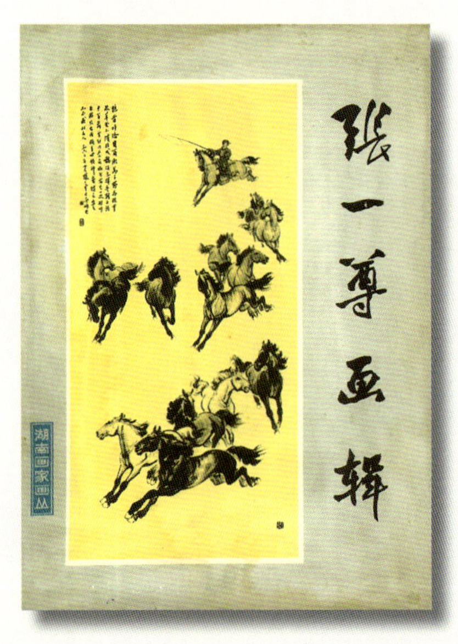

| 《吉首文史》
1991 年第 1 辑

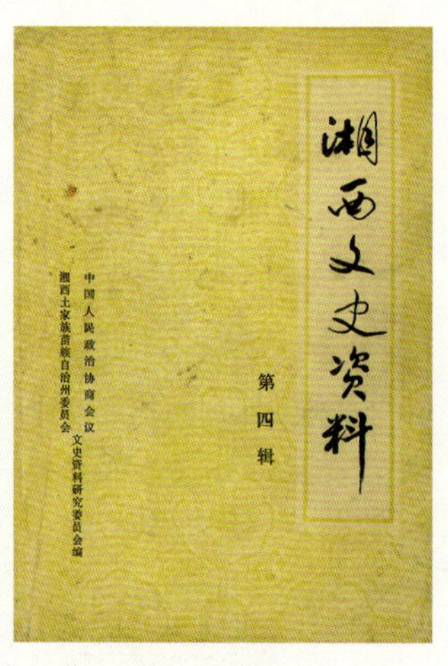

| 《湘西文史资料》
1985 年第 4 辑

| 张二牧、文敏《张一尊》
青海人民出版社 2002 年

2000 年　10 月，徐克勤《风鬓长啸——怀念画家张一尊》刊载于《湖南书画》（创刊号）。

2002 年　12 月，张一尊生平传略收录于上海辞书出版社出版的《中国美术大辞典》。
是年，由张二牧、文敏（吴佩君笔名）合著的《张一尊》由青海人民出版社出版。

2014 年　6 月，“湖南已故名家书画展”在长沙美庐美术馆举办，展览共展出张一尊、周昭怡、虞逸夫、杨应修、颜家龙、钟增亚、胡六皆、徐照海和史穆九位画家共 120 余件作品。

2015 年　9 月，张一尊遗属荣获中共中央、国务院、中央军委颁发的“中国人民抗日战争胜利 70 周年纪念章”（编号：2015001409）。

2019 年　12 月，吴佩君辞世，与张一尊先生合葬于湖南革命陵园。

2022 年　1 月，贺建秋《张一尊艺术年表——纪念张一尊先生诞辰 120 周年》刊载于《文史拾遗》（总第 127 期）。

2023 年　9 月 5 日，“湖南著名美术家推介工程·张一尊艺术展”在湖南美术馆举办。

【本年表根据贺建秋《张一尊艺术年表》修订】

张一尊做示范

作品索引

006 水有龙兮山有仙

118cm × 40cm
1948 年
纸本

008 山水图

95cm × 43cm
1949 年
纸本

010 关山驮马

180cm × 60cm
1953 年
纸本

014 大龙洞瀑布图

134cm × 67cm
未纪年
纸本

016 海螺山

34cm × 46cm
1955 年
纸本

018 鱼网溪

35cm × 45cm
1955 年
纸本

020 盛教亭

34cm × 45cm
1955 年
纸本

022 水岸写生

34cm × 46cm
未纪年
纸本

024 川石

35cm × 46cm
未纪年
纸本

026 野径

53cm × 35cm
未纪年
纸本

028 韶峰耸翠

35cm × 52cm
1958 年
纸本

029 韶山学校

35cm × 48cm
1958 年
纸本

030 祝融峰

47cm × 35cm
1959 年
纸本

032 螃蟹口水坝

34cm × 52cm
1960 年
纸本

034 包谷丰产片

29cm × 54cm
1960 年
纸本

040 巴陵胜状

76cm × 180cm
1962 年
纸本

042 北京写生组稿（一）

18cm × 25cm
1963 年
纸本

043 北京写生组稿（二）

18cm × 25cm
1963 年
纸本

044 北京写生组稿（三）

18cm × 25cm
1963 年
纸本

044 北京写生组稿（四）

18cm × 25cm
1963 年
纸本

044 北京写生组稿（五）

18cm × 25cm
1963 年
纸本

046 天心阁

40cm × 57cm
未纪年
纸本

048 烈士公园

28cm × 42cm
未纪年
纸本

052 放木归来

35cm × 52cm
未纪年
纸本

054 山水写生稿

43cm × 60cm
未纪年
纸本

055 湘西剿匪胜利纪念塔

49cm × 65cm
未纪年
纸本

056 凭高望极图

35cm × 46cm
1964 年
纸本

058 天险一角

48cm × 60cm
未纪年
纸本

064 林中奔马图

134cm × 34cm
1941 年
纸本

066 内蒙古写生组稿（一）

20cm × 28cm
1953 年
纸本

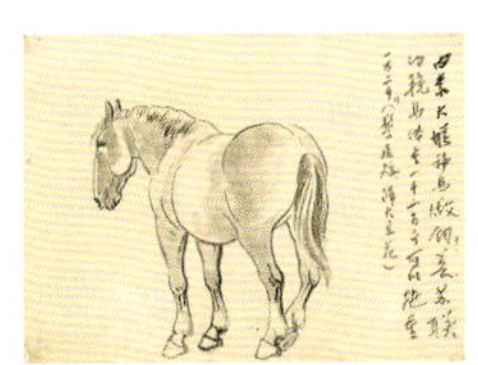

068 内蒙古写生组稿（二）

20cm × 28cm
1953 年
纸本

070 内蒙古写生组稿（三）

20cm × 28cm
1953 年
纸本

072 内蒙古写生组稿（四）

20cm × 28cm
1953 年
纸本

074 内蒙古写生组稿（五）

20cm × 28cm
1953 年
纸本

076 内蒙古写生组稿（六）

20cm × 28cm
1953 年
纸本

078 内蒙古写生组稿（七）

20cm × 28cm
1953 年
纸本

080 牧马图

27.5cm × 39.7cm
未纪年
纸本

082 万马奔腾

67cm × 150cm
1964 年
纸本

086 神骏图

68cm × 34cm
1966 年
纸本

088 饮马图

102cm × 47cm
1964 年
纸本

090 三骏图

36cm × 55cm
未纪年
纸本

091 四骏图

36.5cm × 58.3cm
1972 年
纸本

092 奔马组稿（一）

25cm × 18cm
未纪年
纸本

093 奔马组稿（二）

25cm × 18cm
未纪年
纸本

094 奔马组稿（三）

25cm × 18cm
未纪年
纸本

096 奔马组稿（四）

18cm × 25cm
未纪年
纸本

098 牧人与马图

41cm × 48cm
未纪年
纸本

104 六牛图

140cm × 70cm
1963 年
纸本

108 饲鸡图

57cm × 41cm
未纪年
纸本

110 松鹰图

108cm × 47cm
1963 年
纸本

112 幼狮图

32cm × 14cm
未纪年
纸本

114 奶牛图

25cm × 35cm
未纪年
纸本

115 大吉祥

35cm × 51cm
1961 年
纸本

116 家豚图

36cm × 31cm
未纪年
纸本

118 螃蟹图

28cm × 40cm
未纪年
纸本

120 鸬鹚图

20cm × 41cm
未纪年
纸本

122 盘玉娥同志

41cm × 31cm
1960 年
纸本

125 牧民写生图

29cm × 39cm
未纪年
纸本

126 人物写生图（一）

28cm × 41cm
未纪年
纸本

126 人物写生图（二）

28cm × 41cm
未纪年
纸本

128 人物写生图（三）

29cm × 38cm
1957 年
纸本

128 人物写生图（四）

29cm × 38cm
1957 年
纸本

130 节临《曹全碑》

87cm × 20cm
1942 年
纸本

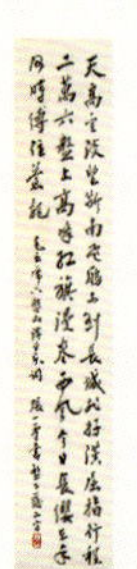

131 书毛泽东《清平乐·六盘山》

109cm × 20cm
未纪年
纸本

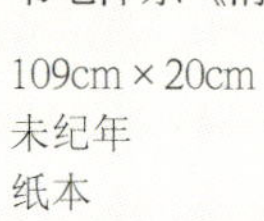
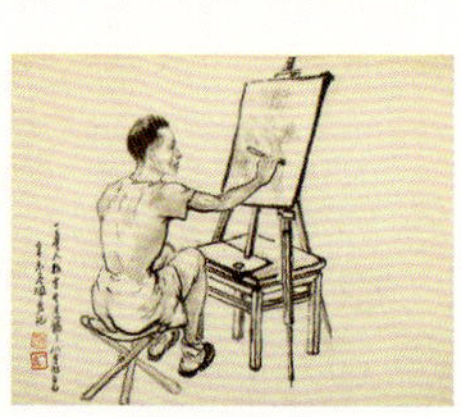

132 画家

29cm × 38cm
未纪年
纸本

“湖南著名美术家推介工程·张一尊艺术展”
2023年9月5日—10月6日

图书在版编目（CIP）数据

张一尊：湖南著名美术家推荐工程 / 田绍登主编．
-- 长沙：湖南美术出版社，2024.6
ISBN 978-7-5746-0401-8

Ⅰ．①张… Ⅱ．①田… Ⅲ．①张一尊－生平事迹
Ⅳ．①K825.72

中国国家版本馆 CIP 数据核字（2024）第 066068 号

湖南著名美术家推介工程

HUNAN ZHUMING MEISHUJIA
TUIJIE GONGCHENG
ZHANG YIZUN

出 版 人：黄　啸
主　　编：田绍登
执行主编：陈元幸子　康杨翎子
责任编辑：文　波　范　琳
质　　检：汤兴艳
装帧设计：不裁文化（长沙市岳麓区后湖国际艺术区 C27 栋）
出版发行：湖南美术出版社（长沙市雨花区东二环一段 622 号）
印　　制：雅昌文化（集团）有限公司
开　　本：635mm×965mm　1/8
印　　张：32
版　　次：2024 年 6 月第 1 版
印　　次：2024 年 6 月第 1 次印刷
定　　价：480.00 元

销售咨询：0731-84787105　　邮　　编：410016
电子邮箱：market@arts-press.com
如有倒装、破损、少页等印装质量问题，请与印刷厂联系斛换。
联系电话：0755-83366138